思 维 的 盛 宴

200个聪明人的创意思维游戏

陈书凯 主编

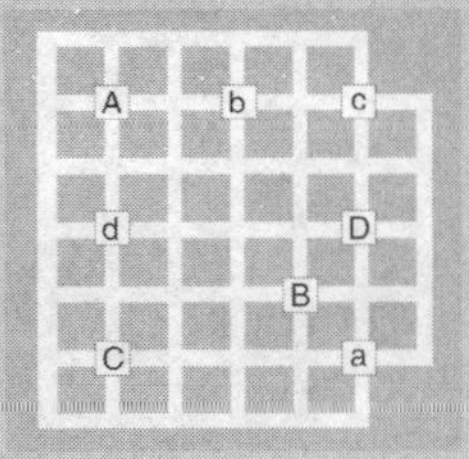

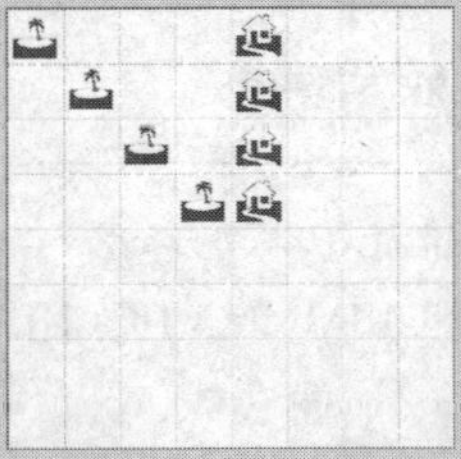

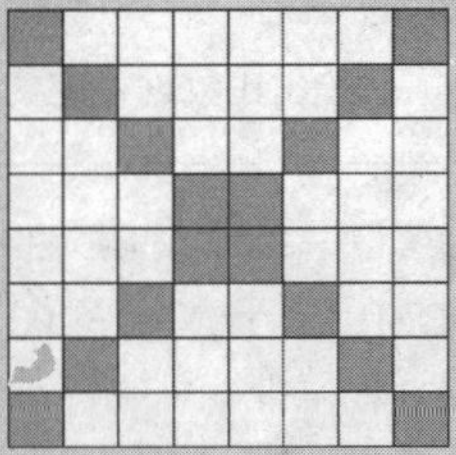

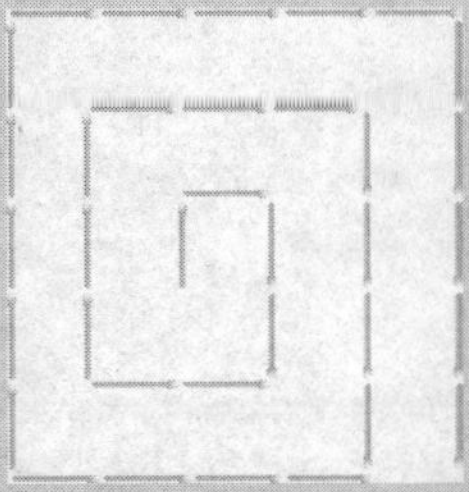

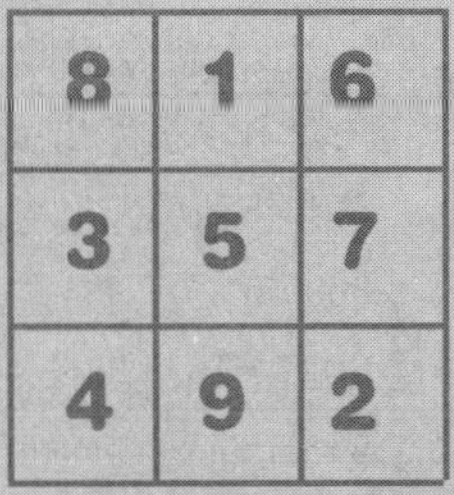

天津出版传媒集团
天津科学技术出版社

图书在版编目（CIP）数据

200个聪明人的创意思维游戏 / 陈书凯主编. —天津：天津科学技术出版社, 2012.1（2021.6重印）

（思维的盛宴）

ISBN 978-7-5308-6733-4

Ⅰ. ①2… Ⅱ. ①陈… Ⅲ. ①智力游戏–通俗读物

Ⅳ. ①G898.2

中国版本图书馆CIP数据核字（2011）第268579号

思维的盛宴——200个聪明人的创意思维游戏

SIWEI DE SHENGYAN ——200 GE CONGMING REN DE CHUANGYI SIWEI YOUXI

责任编辑：杜宇琪

责任印制：刘 彤

出 版：天津出版传媒集团 / 天津科学技术出版社

地 址：天津市西康路35号

邮 编：300051

电 话：（022）23332399

网 址：www.tjkjcbs.com.cn

发 行：新华书店经销

印 刷：永清县晔盛亚胶印有限公司

开本 690 × 940 1/16 印张 10 字数 200 000

2021年6月第1版第4次印刷

定价：30.00元

前 言

一场另类的头脑体操

随着知识经济时代的到来，市场竞争对人的综合素质提出越来越多的要求。学历、经验和基本素质固然重要，但是否具有较强的创新能力必然会成为判断是否具有竞争力的一个标准。

世界500强企业在招聘员工的时候，提出了一种与学校面对书本时所截然不同的思维方式。他们要求员工有进取心、热情、沟通技巧、成功经历、理性思考过程、计划和组织以及面对巨大压力时所表现出的冷静与智慧。某韩国驻沪公司在人才交流会上更是列出各种稀奇古怪而又妙趣横生的数字空格、几何游戏等，让应聘者解答。

作为世界顶尖学府，剑桥、牛津大学曾以许多生僻怪异的考题让众多学子领悟创意的重要性。剑桥大学政治与经济学系曾出了这样一道题："流浪歌手那么能唱还流浪街头，他们是不是疯子？"牛津大学法律系曾这样问考生："如果有人撞上灯柱，会对社会产生什么影响？"这些看起来毫无意义的问题，其实是从一个新的角度来检验考生的应变能力和创新能力。因此，创新能力已经成为一个判断竞争力的新标准。它需要我们解放被禁锢着的思想，给大脑来一场另类体操。

《200个聪明人的创意思维游戏》是一本挑战创意智商、锻炼跳跃性思维的趣味游戏书，它将引领你在充满乐趣的挑战过程中迈向创意思考的天才之路。古人云："击石不已，火光始现；工夫不断，悟头始出。"创意游戏不仅是一个益智的活动，更是一个启迪创意智商、开发思维创新能力的活动。它的最大价值在于通过这些生动有趣的游戏，全面训练你的想像力、应变力、独创力，发掘你的创新感觉，培养创新意识，锻炼创新能力。

相信接受了这样一场另类的头脑体操训练之后，你的各方面能力都会有很大的提高。灵活的头脑将使你在工作和学习中做出更多不同角度的观察、更正确的判断。

目 录

1. 巧变字形

语文老师上课时出了一道很特别的题目，要求大家将下面16个方格中的每个“二”字加上两笔，使其组成16个不同的字。你也试试吧！

二	二	二	二
二	二	二	二
二	二	二	二
二	二	二	二

2. 改变房子的朝向

移动一根火柴，使图中房子的朝向与原来的方向正好相反。

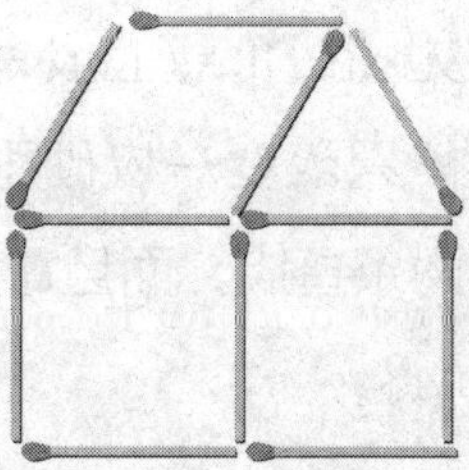

答案

1.

夫	井	开	王
丰	毛	牛	手
天	午	五	元
云	月	仁	无

2.

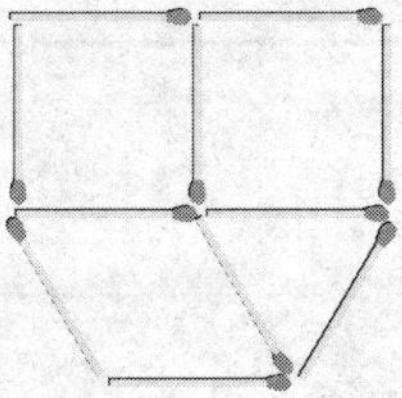

3. 不成立的等式

下面的不等式是由14根火柴组成的。请你只移动其中一根火柴使它成为等式。

4. 巧摆硬币

如图每个点上放有一枚硬币。你能不能只改变一枚硬币的位置，使它形成两条直线，而且每条直线上各有4枚硬币?

答案

3.

4. 把最右边的那枚硬币叠置于左上角的那枚硬币之上。

5. 搭积木

院子里有一个正立方体的木墩。胖胖想把它切成27块用来搭积木。你猜胖胖最少要切几刀才能完成任务？

6. 快速反应

如果圆形是1，那么八边形是多少？

答案

5. 切6刀。

6. 是8。圆形是1条线，而八边形是8条线。

7. 找出最长的竖线

在下面这些流动的竖线中，你能找出最长的一条吗？

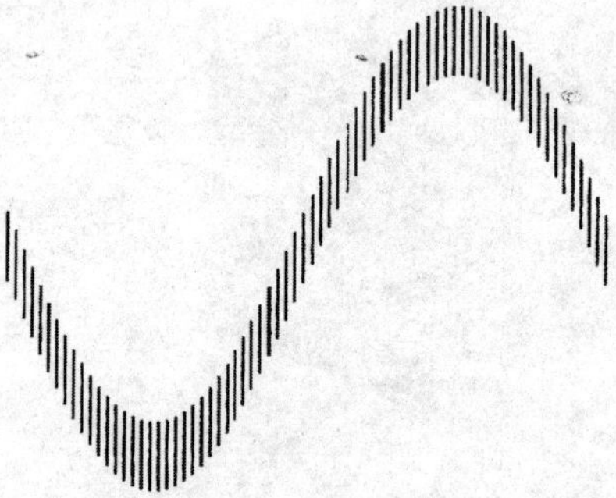

8. 巧拿硬币

桌子上放着15枚硬币，你和你的对手轮流取走若干枚。规则是每人每次至少取1枚，至多取5枚，谁拿走最后一枚谁就能赢得全部15枚硬币。你应该怎样做才能保证一定能赢呢？

答案

7. 虽然我们看起来这些线段的长度是有差别的，但所有的线段的长度确实都是相同的。

8. 只要第一个拿走桌子上的3枚硬币便一定能赢。

9. 找关系

下面3组数字中，每一组数字都有一个相同的条件。你能猜出这3组数字间有何种关系吗？

1 3 8 7

2 4 6

5 9

答案

9. 1、3、8、7注音都是一声；2、4、6注音都是四声；5、9注音都是三声。不要看到数字就想到要用数学的答案方法来解决。

10. 买东西

一个哑巴在商店买钉子。他先把右手食指立在柜台上，左手握拳向下做敲击的动作，售货员给他拿来了一把锤子，哑巴连连摇头，于是售货员明白了他想买钉子。哑巴买完钉子后高兴地走了。这时又进来了一个瞎子，他想买一把剪刀，请问他会怎么做？

答案

10.

直接说出来要买剪刀。你是不是想说用手做剪子状比划呢？错了，因为瞎子会说话，不需要用手比画。

11. 立方体问题

同一种图案不可能在立方体两个以上的表面同时出现。看一看，下面哪个图不属于同一个立方体？

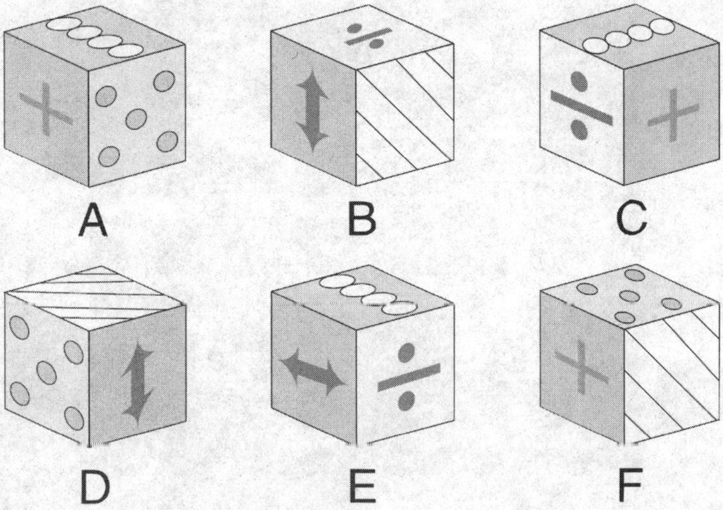

答案

11.

D图不属于同一个立方体。

12. 路线图

如何画出A到a、B到b、C到c、D到d的路线，使这些路线没有相互交叉点?

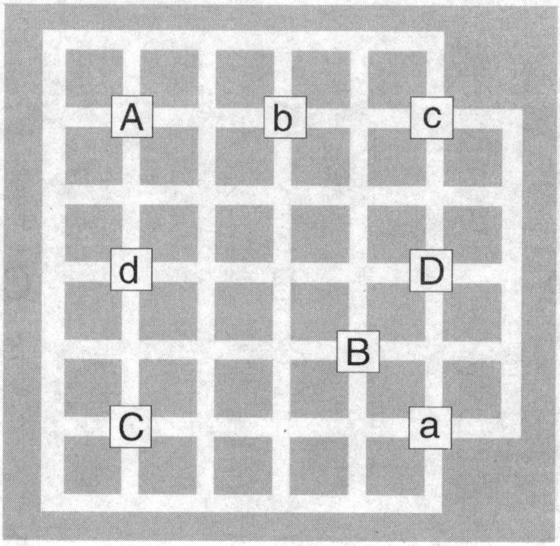

答案

12.

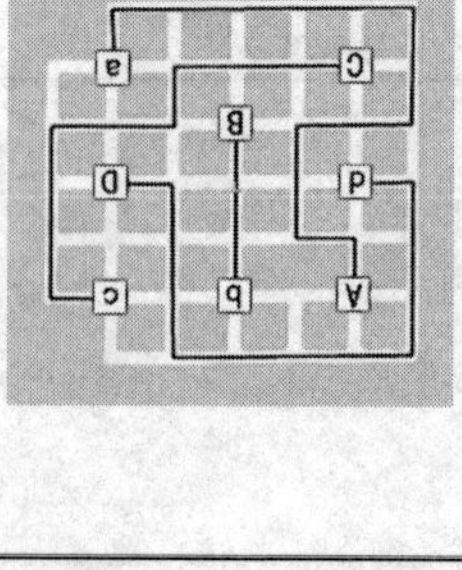

13. 弹回来的石头

机器猫说："在一个星球上，当你扔出一块石头后，它只在空中飞了一小段距离后会停顿在半空中，再向你的方向飞回来，当然它决不是碰到了什么东西被弹回来。"

你知道机器猫说的是哪个星球吗？

14. 最先到达的地方

哥伦布冒险航海绕地球时，最先到达的地方是现在的哪里？

A.不知道　B.美国东北部　C.中美洲群岛

D.巴西　E.非洲好望角

答案

13. 地球。在地球上你随便往上空扔一个小石头，它都会弹回来的。

14. 以上皆不是，冒险航海绕地球的是麦哲伦。

15. 谁在挨饿

动物园里有两只熊，雄熊每顿要吃30斤肉，雌熊每顿要吃20斤肉，幼熊每顿吃10斤肉。但每天饲养员只买回来20斤肉，那就意味着会有熊挨饿，对吗？

16. 翻硬币

桌上放有5枚币值朝上的硬币，如果每次只准翻动2枚硬币，问翻动几次，可使这5枚硬币的国徽一面都朝上。

答案

15. 不对。动物园里有2只幼熊。

16. 无论翻动多少次，都不能使硬币的国徽一面都朝上。

17. 微笑的女人

花几秒钟看看这张微笑女人的脸，然后再把书上下翻转，你就会有惊人的发现。请指出图中两处错误各是什么？

答案

17. 女人的眼睛画错了，上睫毛短下睫毛长；嘴巴的上唇和下唇颠倒过来了。

18. 残缺变完整

用两条直线把下面这个残缺的正方形切成3块，使这三块能重新拼成一个正方形。

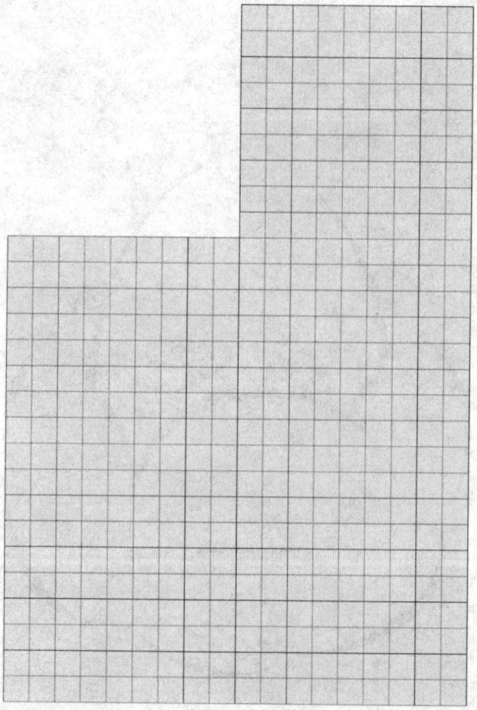

答案

18.

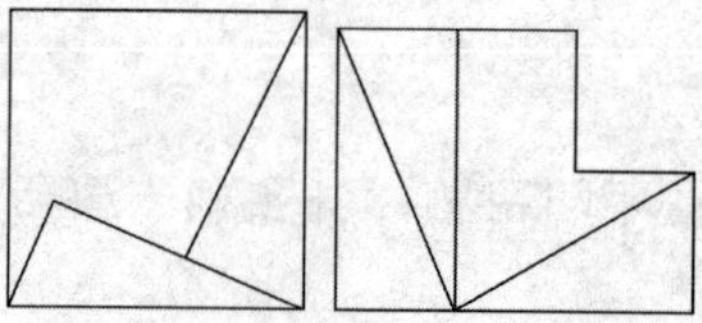

19. 巧分油

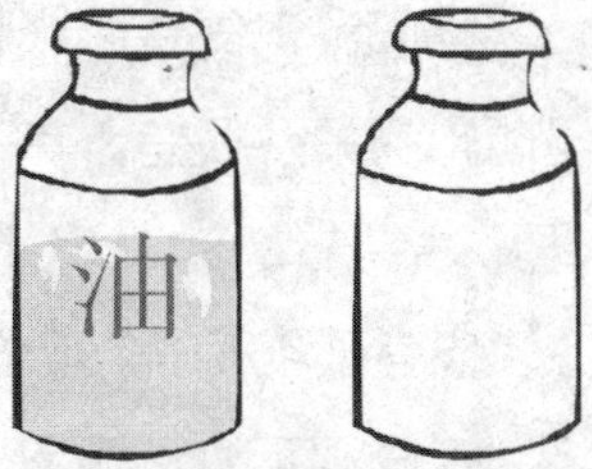

有两只大小、形状、重量相等的瓶子，一只瓶子里装有多半瓶的油，另外一只瓶里没有油。请问：在没有任何称量工具的情况下，如何均分这些油？

20. 谁与众不同

下面5种物品中，有哪一种与其他4种物品不一样？

锯、牙刷、梳子、钳子、叉子

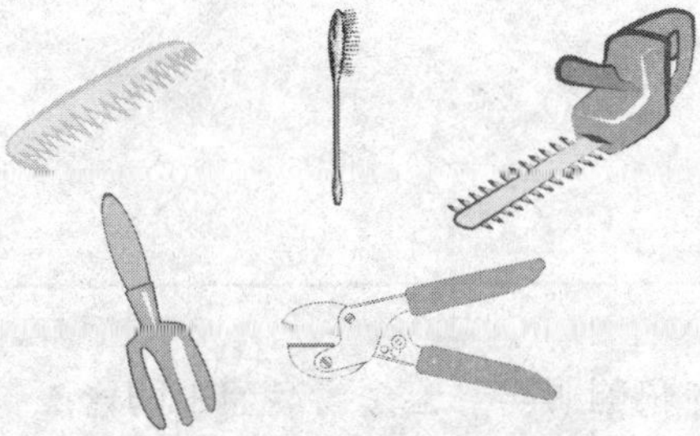

答案

19. 让这两只瓶子浮在水面上，将油倒来倒去，直到这两只瓶子浮在水面上的高度相等时，这些油就被均分了。

20. 钳子。其他都是锯状物。

21. 渔翁之利

甲国和乙国是两个相邻的国家，但他们的关系很差。有一天，甲国制订了一条法律："从今以后，乙国的一块钱等于我国的九毛钱。"

乙国也不甘示弱，公布了一条新法律："从今以后，甲国的一块钱等于我国的九毛钱。"

如果你是国界附近的商人，想利用这个机会大捞一笔，应该怎么做呢？

答案

21.

首先，你可以在甲国买10元的东西，用100元钞票付账，然后跟卖东西的人说："请找我乙国的100元。"如果是用甲国的钱，只要找90元，但用乙国的钱就得找100元了。

然后，拿着找回的乙国的100元到乙国去，又买了10元的东西，并且又照之前的说法："请找我甲国的100元。"然后他再回到甲国。如此重复做这件事，交易的东西数量多了，就能赚进许多钱。

22. 聪慧的木匠

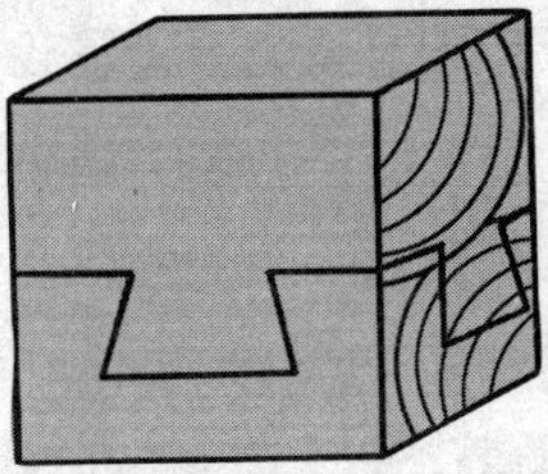

一位聪慧的木匠把两个积木切割成右图的形状。当然，反面也是同样的外观。

你知道这位木匠是怎么切割的吗？

23. 相信不相信

左面有一个大方框，如果你相信事情会发生，请在方框里填上“是”，如果你不相信，就在方框里填上“否”。

然后请看下面的解答去瞧瞧那件事情是什么，看你预测得正确不正确？我敢保证你一定预测得不正确，不信，你就试试！

答案

22.

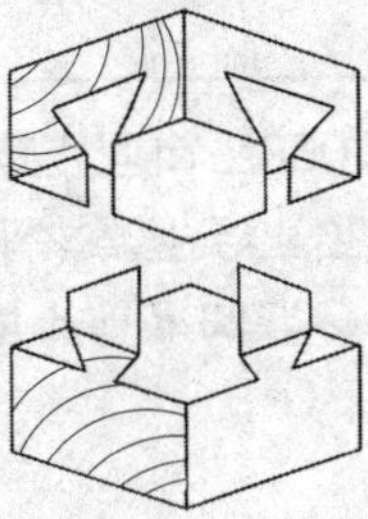

23. 那件事情就是：“你将在方框里写上‘否’。”

24. 一封来自国外的信

有一天汤姆收到一封来自国外的信，信的内容是这样的：“今天是我来到以色列的第5天，我去了它和约旦接壤的国界附近，在那里的湖中痛快地游了一次泳。以前，你们一直嘲笑我是一个旱鸭子，可我这一次的表现实在是太棒了！我发现游泳真的是一种享受。我既能够游自由泳，也能够游仰泳。当我伸展四肢浮在水面上仰望蓝天、白云时，我简直像进了天堂。我甚至还吸了一口气潜入水下。事后我才知道我的下潜深度已经达到海平面下390米，而我竟然没有使用任何潜水工具。说了这么多，你一定认为我是在撒谎，但我说的是千真万确的，只不过游泳之后皮肤感到很粗糙……”

看了上面这封信，汤姆一直觉得他的朋友是在吹牛。那么他是在吹牛吗？可信度到底有多少？

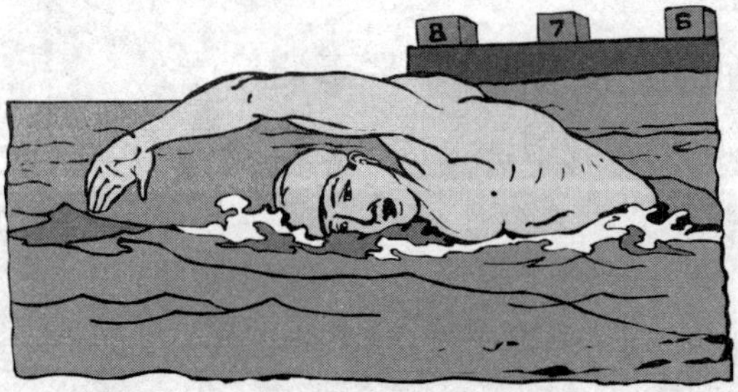

答案

24.

他没有吹牛。因为他游的是死海，死海中所含的盐分很高，几乎是一般海水的7倍，所以浮力很大，人在水中根本就不会下沉。死海比海平面低390米，所以只要下潜一点点，就到了海平面以下390多米了。

25. 糟糕的物流公司

硅谷一家大集团致电欧洲供应商要求订一批半导体材料，这家大集团非常精确地指定交货日期。但是，信誉良好的欧洲供应商每一批交货日期都至少有一个月的误差，有些货物太早送到，有些货物却迟交。硅谷大集团打电话质问其原因，欧洲供应商说他们的货物都是由物流公司经营的，物流公司却说他们也是按照合同上的时间按时送达的。

那么问题出在哪一个环节呢？

答案

25.

问题出在日期的书写方式不同。美国公司用的日期格式是月/日/年，欧洲供应商用的日期格式是日/月/年，比如，美国公司要求的是2004年7月5日送货，就表示为7/5/04，而欧洲供应商就会把7/5/04的货物在5月7日送达。

26. 哪一杯是水

两个杯里分别装有一种无色、无味、不能相互混合并且比重不同的液体，其中一种液体是水。请问：用什么方法才能把水辨别出来(不能亲自去尝，小心是化学试剂)？

27. 天气预报

天气预报说今天半夜12点钟会下雨，那么再过72小时后会出太阳吗？

答案

26. 往杯里面加几滴水，看水滴是否和上层的液体混合在一起，能混合的即为水。

27. 如果事情不是发生在极圈的话，那么就不会出现太阳。因为再过72小时后，就是3个昼夜，又是半夜12点，而夜里是不会出太阳的。

28. 7个变5个

妈妈最喜欢用火柴棒来考佳佳。有一天，妈妈在桌上用火柴棒摆了这样一个图形（如右图），要求佳佳只能动3根火柴棒把右面的7个正方形变成5个正方形。佳佳想了半天也没有想出来，你知道应该怎么做吗？

29. 10根变9根

有10根相等间隔的平行线，不再添加线，使其变成9根。

答案

28.

29. 用剪刀将图中的平行线沿对角线剪断，把右半部分沿切口往下移一根线，就变成9根了。

30. 艰难的任务

毛毛虫的妈妈交给毛毛虫一个艰难的任务：从一张纸的一面爬到另一面去。毛毛虫想：每一张纸都有两个面和一条封闭曲线的棱，如果由这个面爬到另一个面必须要通过这条没有任何支点的棱，想要通过这条棱，即使我这样的身躯也会有“坠崖”的危险。看来不能硬闯，需要想点技巧才行。

亲爱的朋友，你知道毛毛虫想了一个什么技巧吗？

答案

30.

把纸的一端稍微卷起来紧挨着纸的一面，这样毛毛虫就能顺利地从纸的一面爬到另一面去。当然完成这个任务毛毛虫需要请求别人的帮助。

31. 荒谬的法律

古时候，有一个国家的国王为了让更多的男人能有更多的妻子，就颁布了这样一条法律：一位母亲生了她的第一个男孩后，她就立即被禁止再生小孩。这样的话，有些家庭就会有几个女孩而只有一个男孩，但是任何一个家庭都不会有一个以上的男孩，所以，用不了多久女性人口就会大大超过男性人口了。你认为这条法律可以实现他的“愿望”吗？

答案

31.

不可能。

按照统计规律，全部妇女所生的头胎男女比例各占一半。如果母亲生了男孩就不能再生孩子。生女孩的母亲仍然可以生第二胎，比例是男女各占一半。生男孩的母亲退出生育的队伍。留下来的仍然可以生第三胎。在每一轮比例中，男女的比例都各占一半。因此，将各轮生育的结果相加起来，男女比例始终相等。当女孩们成长起来成为新的母亲时，上面的结论同样适用。

32. 翻穿毛衣

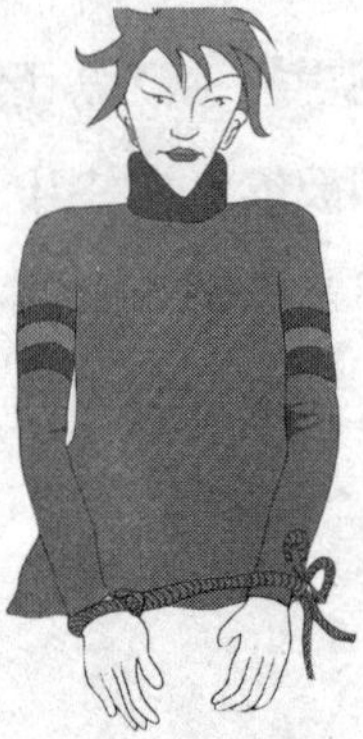

小强有一件漂亮的套头式毛衣，但是他发现毛衣穿反了，印有刺绣的那一面被穿在了后背，而他的两个手腕被一根绳子系住了。在不剪断绳子的情况下他该怎么把套头式毛衣的正面穿在前面（毛衣没有扣子）？

33. 连点的方法

如图，一笔画出4根直线把9个点连接起来。你能做到吗？

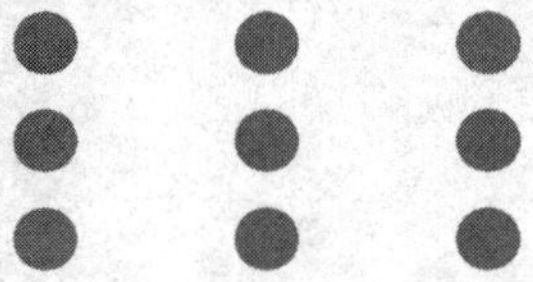

答案

32. 首先，把毛衣拉过头脱下，这样就把它翻了个面，让它的里面向外挂在绳子上。然后，把毛衣从它的一只袖子中塞过去，这样就翻了个面。现在它正面向外挂在绳子上。最后，把毛衣套过头穿上，这样就完整地把毛衣穿好了。

33.

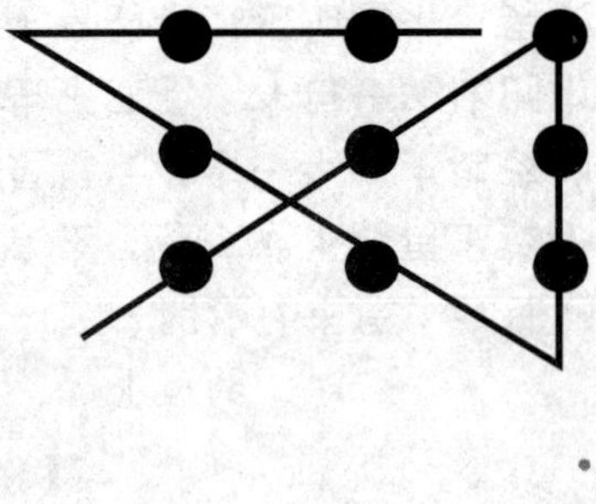

34. 该涂黑哪个

下图是由10个方框组成的一个大三角形。现在请你把其中的4个方框涂黑，使得没有任何3个方框能构成等边三角形。你知道该涂哪4个吗？

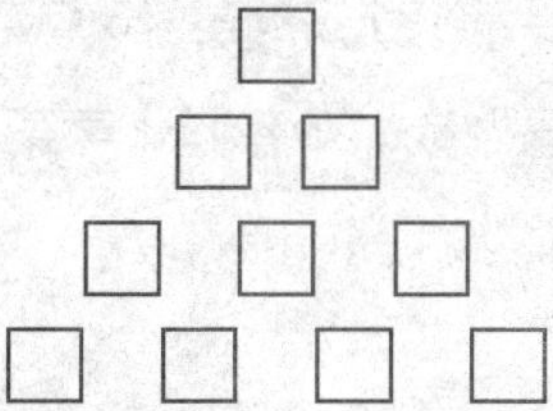

35. 糊涂岛上的孩子

糊涂岛上有两个糊涂的孩子，因为没有日历，日子总是过得糊里糊涂的，常常弄不清楚今天是星期几。于是在上学的路上，他们想把这个问题弄清楚。

其中一个孩子说：“当后天变成昨天的时候，那么‘今天’距离星期天的日子，将和当前变成明天时的那个‘今天’距离星期天的日子相同。”

根据这个糊涂孩子说的糊涂话，你能猜出当天是星期几吗？

答案

34.

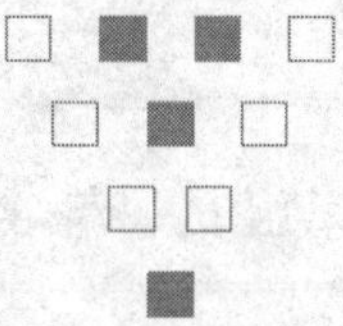

35. 今天就是星期天。他们真是够糊涂的，竟然在星期天早晨去上学！

36. 变十字架

取一张正方形纸，用剪刀把纸剪成5块，然后做成一个希腊十字架。想想你该如何剪？

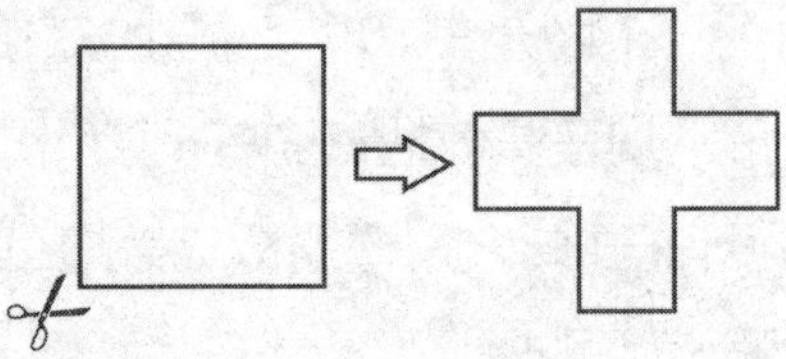

37. 黑圆点不见了

这是世界上最简单的问题。这个问题只要用一双眼睛就可以办到。

不要用手和任何工具，请将这页上的黑圆点消失，但黑三角不能消失，不能用纸遮住或者用涂改液涂掉。

答案

36.

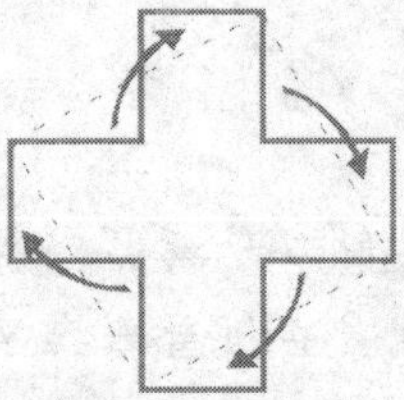

37. 将右眼闭上，只用左眼注视▲。

38. 奇妙的莫比斯环

拿出一张长纸条，将其中一端翻转之后，再把两端连接固定，形成1次的纸环，即莫比斯环(如图1)。莫比斯环最妙的不是如何形成，而是在不断的剪切中，它的无穷变化令无数的人倾倒。

先把转折1次的纸环沿着宽度1/2处剪开（如图中的虚线），这样会形成一个两倍长度、转折2次的纸环(如图2)。接下来把转折1次的纸环从宽度为1/3处剪开成三等分后，会出现什么情况呢？请先仔细思考，然后再自己实践。

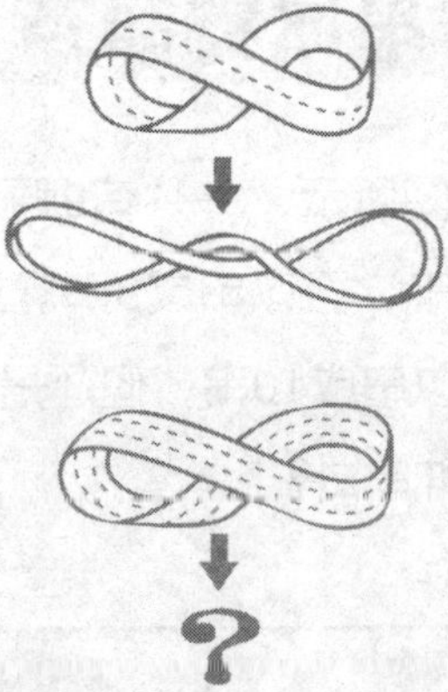

图1
图2
图3

答案

38. 1个大环和1个小环套在一起。

39. 怎样分才公平

兄弟4人继承了老财主的遗产，遗产共有如图所示的土地、4棵果树和4所房子。遗嘱上注明要公平分配。请问：怎么分才能让4位兄弟每人都分到相同面积的土地，并且每人都有一所房子和一棵果树？

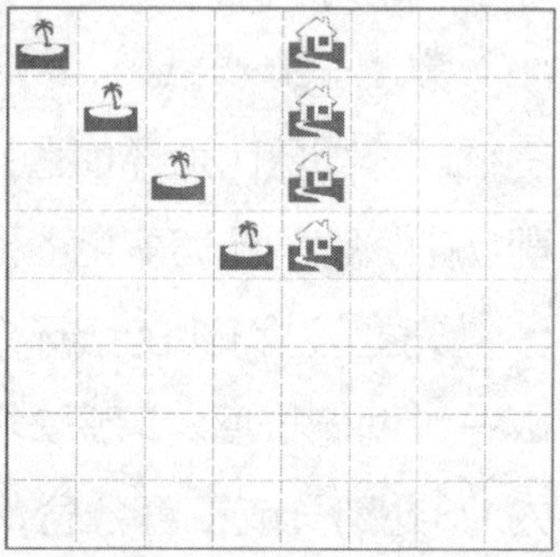

40. 串冰糖葫芦

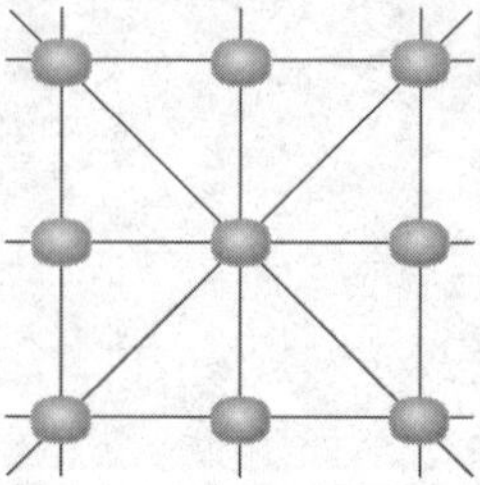

如下图所示，一共有9颗冰糖葫芦，把3颗冰糖葫芦串成一串，可以串成8串。现在只需要移动2颗冰糖葫芦就可以串成10串，但还是3颗冰糖葫芦串在一起。一共有几种串法？

答案

39.

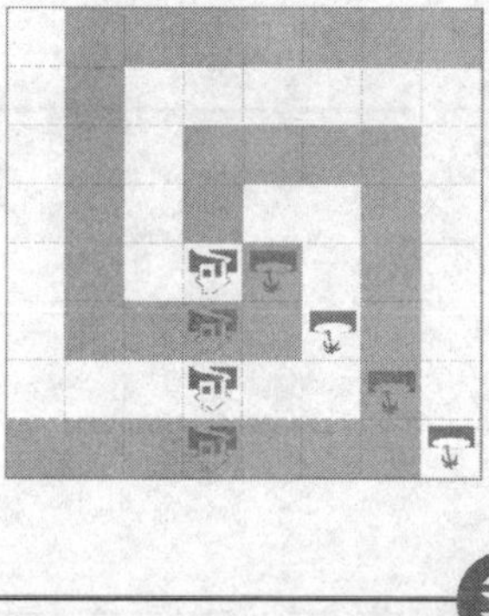

40.

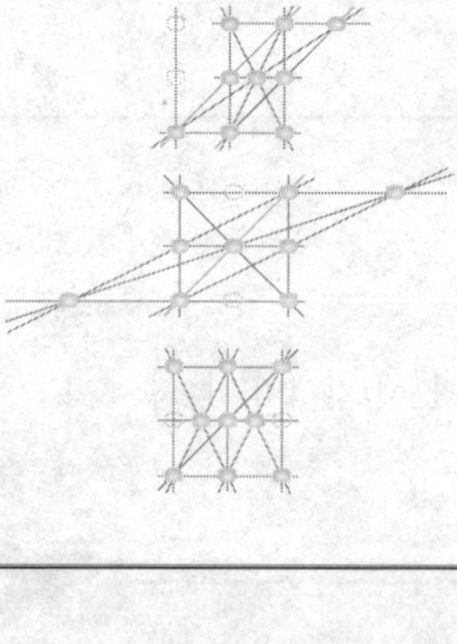

41. 精神科医生来干啥

有一天，路路感冒了去找内科大夫，精神科医生却从里边拿着药出来了，这究竟是出什么问题了呢？

答案

41.

医生也可能生病，精神科医生也可能去找内科医生看病啊！

42. 外国人与中国人

有一个人到外国去了，可是他周围的人都是中国人，这是什么原因？

答案

42.

是这个外国人到中国来了。

43. 谁的孩子

3个人在一起散步。第三个人说：第二个人是第一个人的孩子。但第一个人却反驳说，我不是第二人的妈妈，他也不是我儿子。他们的话都是事实，那么是谁搞错了啊？

答案

43.

他们都没错，很可能是你搞错了。第一个人是第二个人的爸爸，第二个人是第一个人的女儿。

44. 摔不伤的人

有一个人从20层大楼的窗户往地面跳下去，虽然地面没有任何铺垫物，可是他落地后却没有摔伤，这是怎么回事？

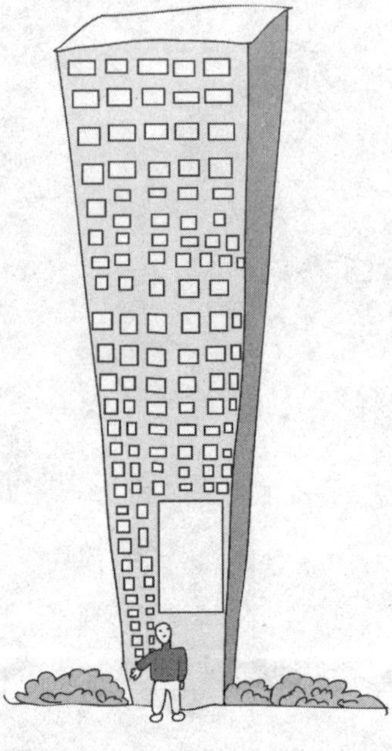

答案

44.

虽然是20层的大楼，但没有说那个人是从哪一层的窗户往下跳的，可以从20层大楼的第一层的窗户往下跳，这样就不会摔伤。

45. 车应怎样开

一辆汽车在一条笔直的马路上行驶，车头朝南。你如何开车才能使汽车在不转弯的前提下，停车后，汽车在离原来所在地北面3公里的地方？

答案

45.

可以倒行汽车3公里。

46. 美丽的小女孩

如果现在刚出生了一名最美丽的小女孩，那么世界上发生了什么事情？

47. 神枪手

有一个士兵，刚学会开枪。现在他用眼罩把眼睛蒙上，手中握一支枪；连长把他的帽子挂起来后，让这个士兵向前走了40米，然后反身开枪，要求子弹必须击中那顶帽子。你知道那个士兵怎样做才能一定击中那顶帽子吗？

答案

46. 世界上又多了一个人。

47. 题目只是说把帽子挂起来，并没有说挂在哪里，当然可以把帽子挂在枪口上，这样就能轻松做到了。

48. 不让座的理由

在一个以文明礼貌而著称的城市，有一个残疾人上了公交车后，却没有人让座。车上的每个人都是非常有礼貌的，并且他们也都非常反感不给“老弱病残孕”乘客让座的行为，可是，他们为什么不给这位残疾人让座呢？

49. 鸡与蛋哪个在先

小明和小华为是先有鸡还是先有蛋争论不休。作为公证人的你，该如何为他们解答这一难题？

答案

48. 公交车上有空座位。

49. 这道题目并没有指明这个蛋一定就是鸡蛋不可。爬虫类在地球上出现的时间比鸡早得多，而且爬虫类也会下蛋，所以地球上是先有蛋。

50. 分辨生熟鸡蛋

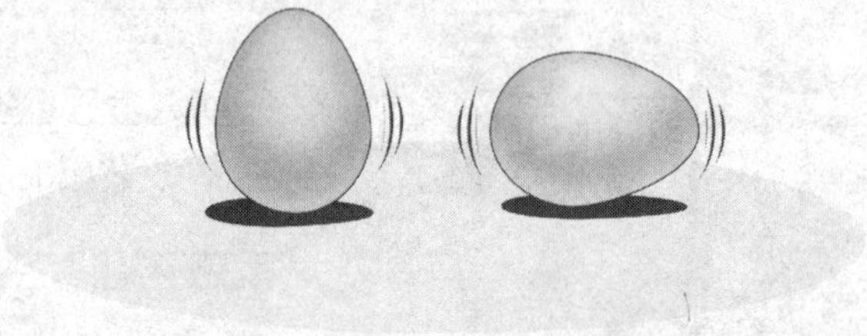

小力不小心把煮熟的鸡蛋与生鸡蛋混放在一起了。从外边还看不出来有什么区别，打开吧，如果是生鸡蛋又把鸡蛋弄坏了。你能想出办法，不打开鸡蛋就把生鸡蛋和熟鸡蛋区分开吗？

51. 读书计划

一个中学生制定了一个读书计划：一天读20页书。但第3天因病没读，其他日子都按计划完成了，问第6天他读了多少页？

答案

50. 旋转鸡蛋，容易转起来的是熟的，而很难旋转的是生的。因为，煮熟的鸡蛋蛋白和蛋黄是一个整体，容易转动，而生鸡蛋的蛋黄和蛋清是液体，所以转起来比较困难。

51. 按照计划，第6天读了20页。

52. 喝酒

在单位聚会上，一个人在喝啤酒，从上午11点喝到下午2点，每30分钟喝完一瓶。问这段时间内，这个人共喝了多少瓶子？

53. 葱为什么卖亏了

一捆葱有10斤重，卖1元钱一斤。

有个买葱人说，我全都买了，不过我要分开称，葱白7角钱一斤，葱叶3角钱一斤，这样葱白加葱叶还是1元，对不对？卖葱的人一想，7角加3角正好等于1元，没错，就同意卖了。

他把葱切开，葱白8斤，葱叶2斤，加起来10斤，8斤葱白是5.6元，2斤葱叶6角，共计6.2元。

事后，卖葱人越想越不对，原来算好的，10斤葱明明能卖10元，怎么只卖了6.2元呢？到底哪里算错了呢？

答案

52. 一个"瓶子"也没有喝。

53. 要知道，葱原本是1元钱一斤，也就是说，不管是葱白还是葱叶都是1元钱一斤。而分开后，葱白却只卖7角，葱叶只卖3角，当然要赔钱了。

54. 黑夜看报

在漆黑的夜里，有一个人在房间里看报纸，这时，突然停电了，屋里伸手不见五指。但那个人仍能继续读，一点儿也不受影响。这到底是怎么回事？

55. 解不开的绳子

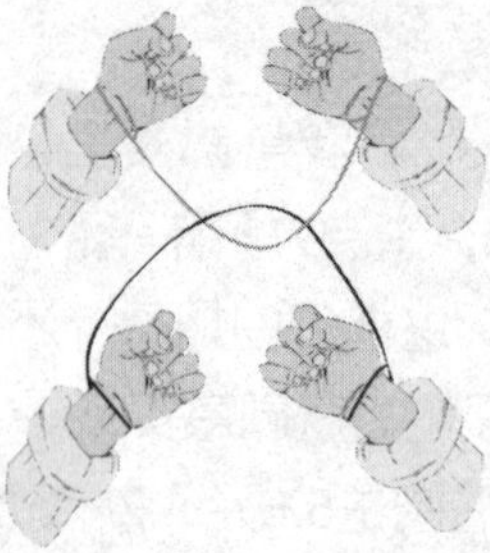

一帮歹徒把大侦探柯南和他助手的双手绑在一起后（如图）就离开了。歹徒们以为柯南是逃脱不掉的，但聪明的柯南没有利用任何工具毫不费力就解开了绳子，摆脱了困境。你知道他是怎样解开绳子的吗？

答案

54. 这个人是一个盲人，他看报是用手来“摸”的。

55. 大侦探很容易就能使他们分开。他的助手用双手抓住柯南的绳子，使他的绳子在他助手的另一侧形成一个松弛的绳圈。然后他把绳圈塞入助手手腕上的套索中；容易发现，要使绳圈不扭曲，只能穿过一只手腕。然后他把绳圈绕过助手的手指。当他把绳圈绕过助手的手并从套索中拉出后，他们就自由了。

56. 反方向运动的猪和鱼

动最少的火柴，分别满足以下的要求：

(1) 让猪往反方向走；

(2) 让鱼往反方向游。

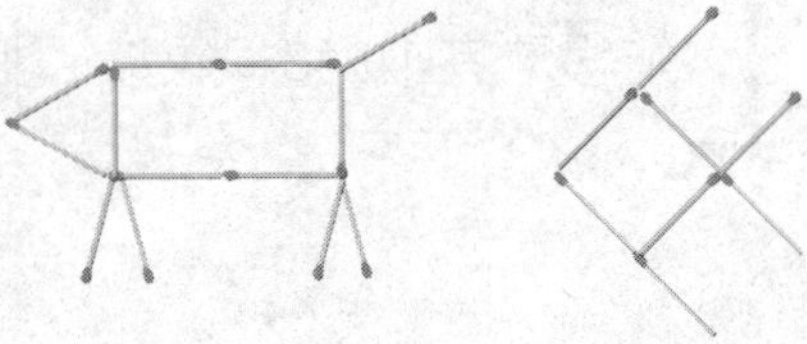

57. 三分土地

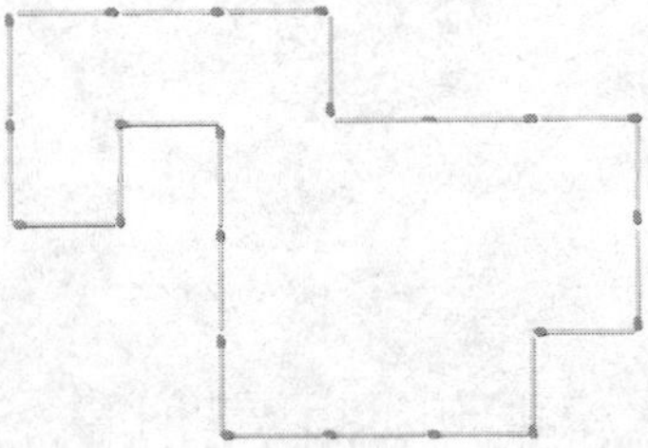

美国有一个农场主，家里有一块地，形状如左图。他有3个儿子，儿子长大后，农场主决定把地分成3份给3个儿子。要求不仅面积一样大，形状也得相同。你知道需要增加几根火柴才能按要求摆出分地示意图吗？

答案

56. 猪：2根，鱼：3根。

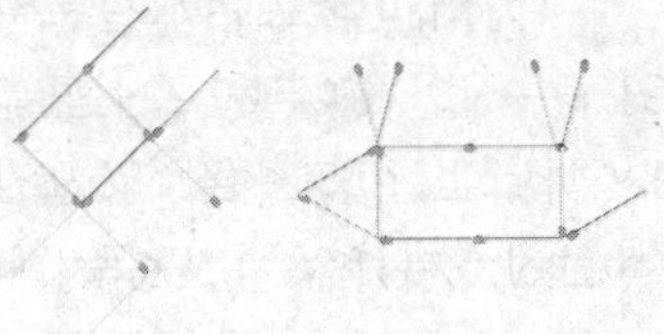

57. 增加7根火柴。

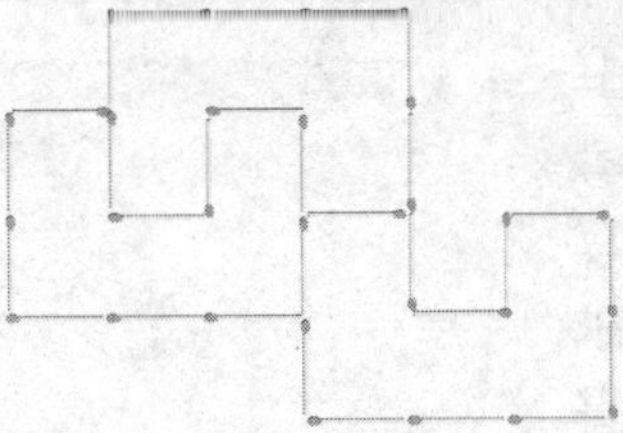

58. 2个变4个

下图是由15根火柴摆出的两个等边三角形。想一想，能移动其中的3根火柴，把它变成4个等边三角形吗？

59. 搬岩石

公园里新运来一些漂亮的花岗岩，其中一个重达15吨，另外一些小的花岗岩也有150公斤左右。现在园丁师傅为了更加美观，想把这块大岩石放到小岩石上，但想要搬动这块15吨重的庞然大物似乎不太可能。刚巧有一位新来的园丁得知此事，两三下就把这块巨石搞定。你猜新来的园丁想了一个什么办法？

答案

58.

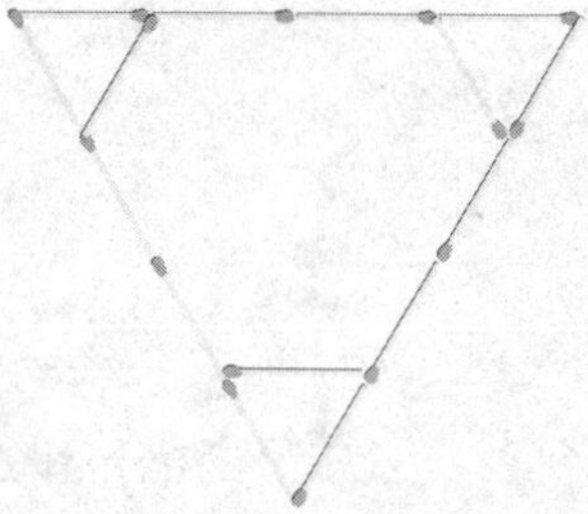

59.

这道题考的是一个创新思维，关键是看你会不会颠倒思考问题，一味地想要把巨石搬到小岩石上，为什么不把小岩石放在巨石下方呢。新来的园丁指挥大家用铲子挖开巨石下方的土壤，把一些150公斤左右的小岩石放进去就可以了。

60. 8根火柴

你能用8根火柴拼成2个正方形和4个三角形吗？

61. 一道既简单又复杂的趣题

游戏开始了，请你快速计算：

一辆载着16名乘客的公共汽车驶进车站，这时有4人下车，又上来4人；在下一站上来10人，下去4人；在下一站下去11人，上来6人；在下一站，下去4人，只上来4人；在下一站又下去8人，上来15人。

还有，请你接着计算：公共汽车继续往前开，到了下一站下去6人，上来7人；在下一站下去5人，没有人上来；在下一站只下去1人，又上来8人。

这辆公共汽车究竟停了多少站？（不要重新计算哦！）

答案

60.

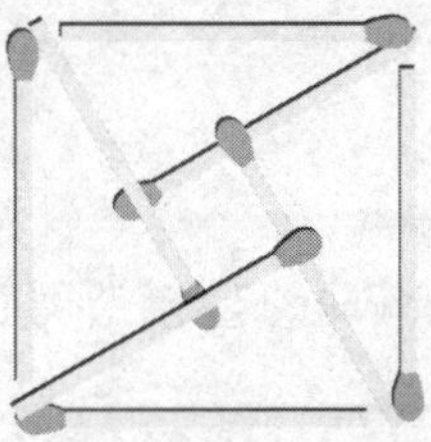

61.

8站。确实很简单吧，但你是不是在费尽心思计算车上还有多少人呢？

注意力是有选择性的，当人们注意某项活动时，心理活动就指向、集中于这一活动，并抑制与这一活动无关的事物。所以，我们在做一件事情的时候，要把注意力集中到主要的任务上，这样才能事半功倍。

62. 神奇的折纸

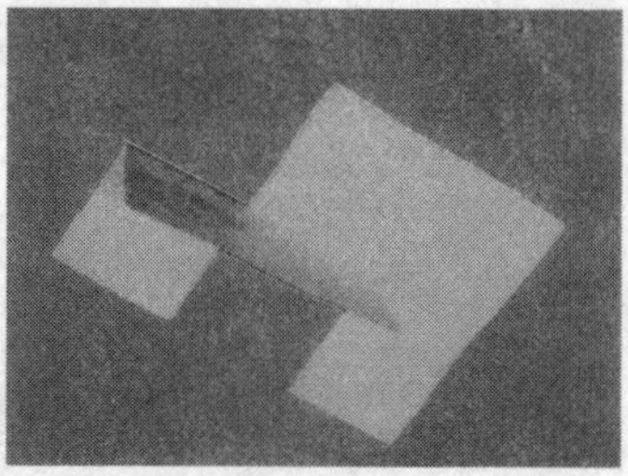

乍一看，把纸折叠成这种效果是不可能的。可是，如果你的脑子里有正确的思路，将纸折成这样的效果是轻而易举的。试试看，只允许把一个长方形的纸片剪开两处，不允许使用胶水和胶带，你能不能做到呢？

63. 汤姆的体重

“我最重的时候是85公斤，可是我最轻的时候却只有3公斤。”当汤姆向别人说这件事情的时候，别人都不相信。

你想一想，这可能吗？

答案

62. 你可以从长的一边剪开约1/3，向下折，把它折在反面，剩下的就不用我说了。是不是很简单？

63. 完全有可能。最轻的时候是他出生的时候。

64. 水为什么不溢出来

在一个盛满水的鱼缸里，将小木块、小石块或者橡皮等物品放进去，水就会从鱼缸里溢出来。但是，为什么把一条与上述物品同样体积的小金鱼放进去，水却不会溢出来呢？

65. 母鸡下蛋

清晨，一只十分欢快的母鸡，先向着太阳的方向飞奔了一会儿，然后掉头回到草堆旁，转了一圈后，又向右边跑了一会，然后向左边的同伴跑去，它与同伴在草堆里转了半圈后，忽然下了一个蛋。请问：蛋朝什么方向落下呢？

答案

64. 这可能吗？你可以试试看，把小金鱼放进去，水同样会溢出来。而你是不是在想类似"因为金鱼有鳞片，或者金鱼把水喝到肚子里去了"等答案呢？这是曾两次获得诺贝尔奖的居里夫人小时候做的一道题。通过这个题目我们会明白，发展自己的创造性思维，不是让我们迷信某种答案技巧，而是要遵循科学规律，亲自动手试一试。

65. 蛋当然是朝下落了。

66. 抛硬币

有一枚普通的硬币，可可一共抛了15次，每次都是正面朝上。现在可可想再抛一次，你知道正面朝上的几率是多少吗？

67 .相连的月份

想一想，哪两个相连的月份都是31天？

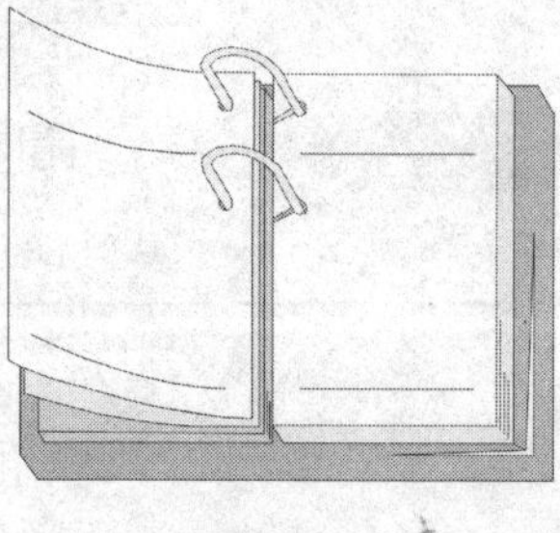

答案

66. 毫无疑问是1/2。无论谁来抛，也无论抛多少次，这个几率是不会变的。千万不要让惯性思维把你带入陷阱。

67. 你可能马上会想到7月和8月，但是你是不是忘了还有12月和1月呢？

68. 鸡蛋不破

你拿一个生鸡蛋，让它自由下落。在地上没有任何铺垫物的情况下，你能够使鸡蛋下落1米而不破吗？

69. 摆三角形

有3根木棒，分别长3厘米、5厘米、12厘米，在不折断任何木棒的情况下，你能够用这3根木棒摆成一个三角形吗？

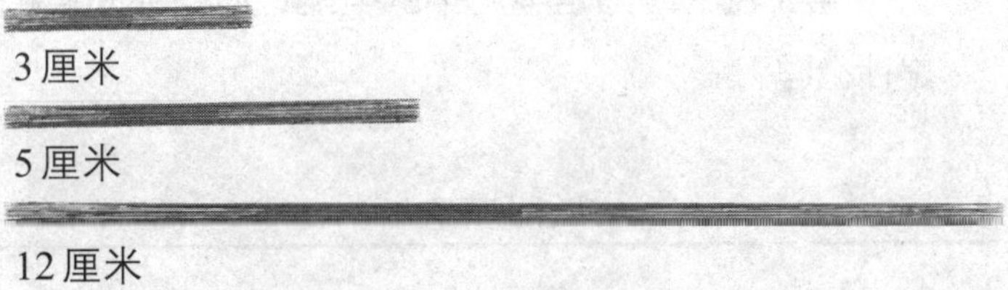

答案

68. 可以。只要将生鸡蛋的高度拿到1米以上，然后让鸡蛋自由下落，当它下落了1米的时候，并没有碰到地面，当然不会破。

69. 很简单，完全可以摆成一个三角形。题目并没有要求3根木棒必须首尾相接。

70. 切正方形

一个正方形的桌面是4个角，切去一个角，还剩几个角？

不要过于轻率地以为这是一个简单的减法，仔细想一想，会有什么结果呢？

提示：有3种切法。

71. 机械表的动力

电子表的动力是电池中的电能，可是你知道机械表的动力是什么吗？

答案

70. 一个正方形切去一个角，有3种切法，会出现3种情况：① 切去一个角，得到5个角；② 切线通过另一个角，则得到4个角；③ 切线通过另外两个角，只剩3个角。

71. 机械表的动力来自一组扁平的弹簧圈，称为发条，分为手工上链与自动上链两种，无须使用电池，其中自动上链是依赖自动盘的力量运转的。但是无论哪种机械表，上发条都要靠人来做。所以，机械表的动力是人力。

72. 燃香计时

有两根粗细不均匀的香，香烧完的时间是一个小时，你用什么方法能确定一段45分钟的时间?

73. 怎么过桥

一辆货车满载着6吨的钢索前进，但在行进中遇到了一座桥梁。桥头的标志牌上写着：最大载重量7吨。然而，光货车车身就重2吨，再加上钢索，明显超过了桥的载重量。你能想办法帮司机通过这座桥吗?

答案

72. 将两根香同时点着，但其中一根要两头一起点，当两头一起点的香燃尽的时候，时间正好过去半个小时。那么，只点一头的香正好燃烧了半小时，也就是说燃尽剩下的半根还需要半个小时，那就再两头点，燃尽剩下的香所用的时间是15分钟。两根香全部燃完的时间就是45分钟。

73. 钢索的总重量虽然很大，但是整个重量是分布在全部长度上的。所以，可以把钢索放在地上，由货车拖着过桥，使分摊在桥上的重量不超过桥的载重量，便可以顺利通过大桥。等过了桥，再把钢索装到车上。

74. 古书的厚度

书架上并排放着两本线装古书，分别为上册、下册。这两本书的厚度都是2.5厘米，封面和封底的厚度也都是1.5毫米。有一只书虫钻进了书中，它从上册的封面开始啃书，一直啃到下册的封底。你能计算出这只书虫啃了多少厚度的书吗？

答案

74.

3毫米。你计算的是不是把所有的厚度都相加呢？要知道，题目中已经提到了，这是两本线装古书，按照古书的设计，是向右翻页的。所以，从上册封面到下册封底的距离只有1.5毫米＋1.5毫米=3毫米。

75. 空格内是什么

有一个如图所示的数字板，请转动你的脑筋，猜一猜空格内应填入什么？

答案

75.

空格中应填入*和#。这个数字板实际上是电话机上号码键的样子。

76. 喂什么

问你的朋友这个问题，尽管非常简单，却很少有人能答出来：

一个农夫买了一头牛，这头牛有两只耳朵、四条腿，还有一条尾巴，请问喂什么？

注意：在问的过程中照着上面表述就行了，不要做过多的解释。

答案

76.

喂草吧，当然是喂草了。而你的朋友很可能会把"喂什么"听成"为什么"，而在千方百计地想"为什么这头牛有两只耳朵、四条腿，还有一条尾巴"。

77. 倒硫酸

一个不规则的透明玻璃瓶，上面只刻着5升、10升两个刻度，而里面装了8升硫酸，现在需要从中倒出5升，别的瓶子上都没有刻度，硫酸的腐蚀性又大，请你帮助想想，用什么办法一次就能准确地倒出需要的量？

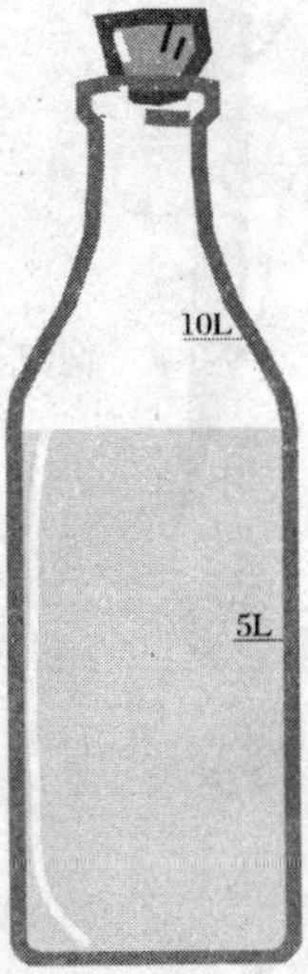

答案

77.

往瓶里放大小不同的玻璃球，使液面升到10升刻度处，然后往外倒至5升刻度处。这是利用玻璃球不被硫酸腐蚀的特点。

78. 镜子里的矛盾

在照镜子时，你在镜子中的影像与你自己相比，左右颠倒了方向。比如你的左手，在镜子中就成了你的右手，而你的右手在镜子中则成了你的左手。由此看来，镜子中的影像是可以左右颠倒的。

但是如果你在镜子前面躺下，你会发现镜子中的影像并没有左右颠倒，比如你头和脚的位置依然与你躺下的实际的方向是一致的。为什么又不能左右颠倒了呢？

答案

78.

判断左右是以人的视觉习惯而言的。实际上，视觉分辨左右和分辨上下所用的是不同的概念。镜子不仅变换了水平方向上的"左右"，其实，也变换了垂直方向上的"左右"。假设向上的方向为右，向下的方向为左，那么你会发现，原本在腹部"右边"的头，在镜子中则变成了在腹部的"左边"。

79. 月亮游戏

让你的朋友把“亮月”这个词迅速说15遍，然后再让他把“月亮”迅速说15遍。等他说完后，你马上问他后羿射的是什么，让他快速回答。

答案

79.

后羿用箭射的当然是太阳，但很多人未经思考就会做出反应，回答说“月亮”。这就是思维惯性的影响。

80. 激发想象力

让你的朋友迅速做出反应，很快地说“白色”这个词15遍，在这个过程中，让他把“白色”与“母牛”联系起来。然后让他不假思索地回答下一个问题“牛喝什么？”

答案

80.

毫无疑问，答案应当是“水”，这是智力正常的人都知道的。可是，大多数人在被问到这个问题时却会错误地说“牛奶”。本题看上去与上题差不多，其实这里不是思维惯性，而是想象力给人的误导。

81. 环球旅行家的话

环球旅行家比尔夏天的时候刚好到达广州，那里正晴空万里。比尔说：“早知道这里和那里一样热，我就不用花6个月的时间跑到这里来了。”

你认为旅行家的话正确吗?

答案

81.

正确。由于地球是自转的，6个月前，旅行家在西半球过夏天，那时候广州是冬天。

82. 倒水的学问

有一个盛有900毫升水的水壶和两个空杯子，一个能盛500毫升，另一个能盛300毫升。请问：应该怎样倒水，能使得每个杯子都恰好有100毫升？

注：不允许使用别的容器，也不允许在杯子上作记号。

答案

82.

把两个杯子都倒满，然后将水壶里的水倒掉。接着将300毫升杯子内的水全部倒回水壶，把大杯子的水往小杯子倒掉300毫升，并把这300毫升水倒回壶中，再把大杯子剩下的200毫升水倒往小杯子，把壶里的水注满大杯子(500毫升)，这样，壶里只剩100毫升。再把大杯子的水注满小杯子（只能倒出100毫升），然后把小杯子里的水倒掉，再从大杯子往小杯子倒300毫升，大杯子里剩下100毫升，再把小杯子里的水倒掉，最后把水壶里剩的100毫升水倒入小杯子。这样在每个杯子里都恰好有100毫升的水。

83. 到底是星期几

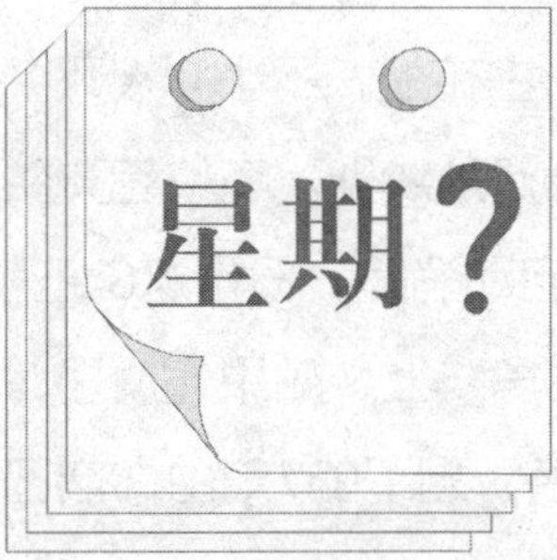

如果今天的前5天是星期六的前3天，那么后天是星期几？你能算出来吗？

84. 图形的奥秘

在一张纸上随意画5个图形，你能使这5个图形中的每个图形都与其他4个图形有一条共同的边吗？

答案

83. 星期三。首先你要弄清楚今天是星期一，才能判断后天是星期几。

84. 这是不可能的，如果你不信就自己动手试一试。

85. 互相牵制的局面

一块有36个白方格组成的形状大小一样的正方形白布上，不小心被哪个淘气鬼碰倒了墨水。墨水正好洒在正方形白布的两条对角线处。有位老先生说只要在干净处滴上8滴他特制的药水就可以让墨水自动消除，但是这8滴药水不能处在同一横行或者竖行上，也不准在同一条对角线上，如果违反了，整块布都会渗透成黑色。现在，老先生自己滴了一滴，剩下的7滴由你自己想办法解决，你该怎么做？

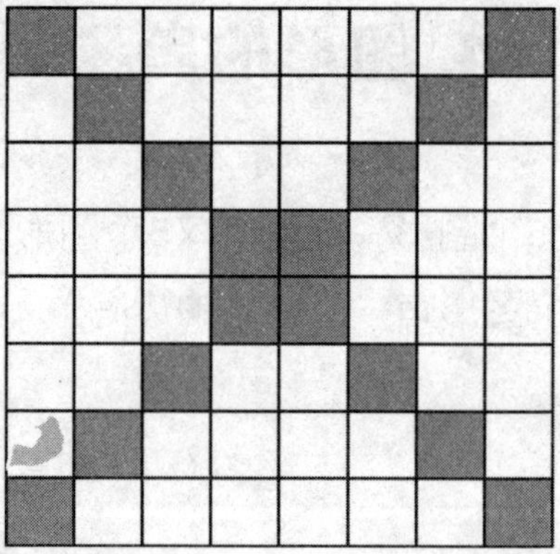

答案

85.

86. 分蘑菇

两只小兔子在森林里拣到了一堆蘑菇。为平均分配这堆蘑菇他们争吵起来了，最后只好把这个问题交给森林国王老猴子来处理。结果老猴子给它们出了一个绝妙的点子，两只小兔子高高兴兴地均分了这堆蘑菇。

请问：老猴子出了一个什么点子呢？

答案

86.

老猴子先让兔子A将蘑菇平均切成两份，然后由兔子B先在两份中挑选一份，剩下的那份就留给兔子A。因为蘑菇是由兔子A切的，这两份在他的眼中当然都是一模一样的。两份蘑菇在兔子B眼中肯定是大小不一样，所以他挑走了那份他认为比较大的。

87. 真花和假花

山脚下春意盎然，蝴蝶和蜜蜂在花丛间飞舞着，养蜂人的妹妹拿来两朵一模一样的花让哥哥猜哪一朵是真花，哪一朵是假花。但只能远远地看，不能用手去摸，更不能闻它。

如果是你，你该怎么办?

答案

87.

打开窗户，让蜜蜂飞到房间里来。蜜蜂只采真花。

88. 羊吃草

放羊娃牵着羊来到一棵树下，他用3米长的绳子拴住羊脖子，让它在树下吃草，自己就割牧草去了。他把割来的牧草放在离树5米远的地方，又去继续割，但是，等他再回来时，羊却把他割好的牧草吃光了。当然，绳子很结实，也没有断，更没有人解开它。你知道羊是怎样吃到牧草的吗?

答案

88.

绳子的一头虽然拴住了羊脖子，但是另一头并没有拴在树上。所以羊是自由的，能够吃到牧草。

89. 爬楼梯

甲乙两人比赛爬楼梯，甲的速度是乙的两倍，当甲爬到第9层时，乙爬到第几层?

答案

89.

第5层。如果同时从1楼开始，甲到第9层时实际是跑了8层，而乙是跑了4层，恰到第5层。

90. 扩大水池的方法

下图中有一个正方形水池，水池的4个角上栽着4棵树。现在要把水池扩大，使它的面积增加一倍，但要求仍然保持正方形，而且不移动树的位置。你有什么好办法吗?

答案

90.

91. 开关和灯泡

有甲、乙两间屋，甲屋有3个开关，乙屋有3个灯泡。在甲屋看不到乙屋，而甲屋的每一个开关控制乙屋的其中一个灯泡。怎样可以只停留在甲屋、乙屋各一次，就知道哪个开关是控制哪个灯泡的呢？

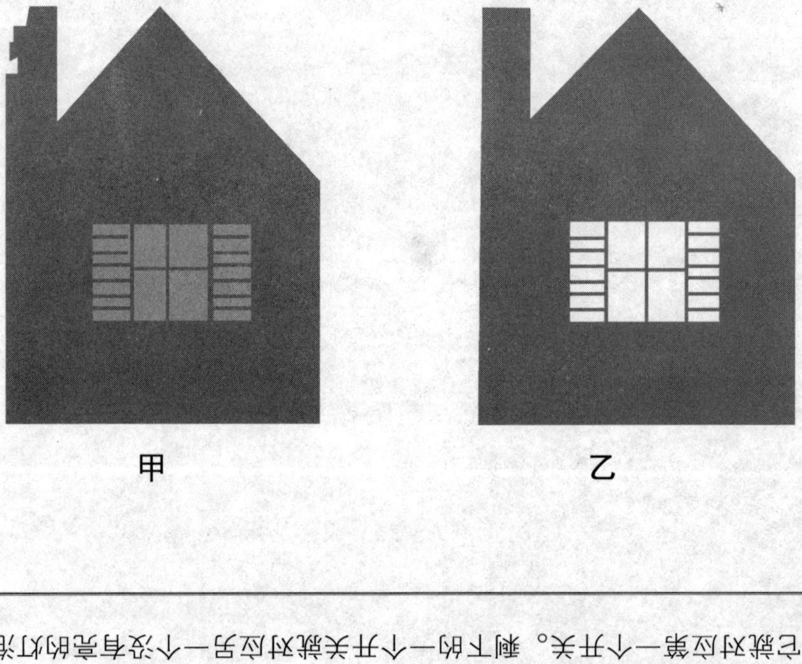

甲　　乙

答案

91. 打开一个开关，过一会关掉，再打开另一个开关，马上走到乙屋里。亮着的灯泡的开关就是第二次打开的开关。然后用手摸两个没有亮的灯泡，因为有一个开关事先打开了一会,所以有一个灯泡是热的，因此它就对应第一个开关。剩下的一个开关就对应另一个没有亮的灯泡。

92. 穿越森林

一个探险家在前进的途中遇到一片广袤的森林，请问他最多能走进森林多远？

答案

92.

最多走进森林的一半，因为再往前走就不是"走进"，而是"走出"了。

93. 横竖都是6

有10枚硬币，要求按照“十”字形状排列，使得不论横着或竖着数都是6枚。

94. 重合的时针和分针

钟表的时针和分针不停地走。问时针和分针在一昼夜中有几次完全一点不差地重合？

答案

93. 看起来把10枚硬币按照要求摆是不可能的。但题目中并没有限定每个位置上只准放一枚硬币啊，你可以在“十”字的中心位置摆两枚硬币，这样10枚硬币不论横竖就都是6枚了。

94. 一般说时针和分针重合，是指示位置的重合。但题目中指的是“完全一点不差地重合”，时针和分针能达到这个要求吗？所以，不论走多少圈，一次也不会完全重合。

95. 如何过桥洞

一条木船通过一座桥洞时，发现货物虽然不多，但装得高了一点，约高出桥洞1厘米。若要卸掉一些货物吧，无奈货物是整装的，一时无法卸下；若不卸吧，怎么也过不去。你能够想个简单的办法，在不卸货的前提下解决这个难题吗？

答案

95.

只要在船上加些诸如石块等重物，使船下沉1厘米，就可以安全地通过桥洞了。

96. 来回的疑问

在一个无风的天气里，从A地乘摩托车到B地，车速每小时35公里，途中并无坡道，只有一处需要轮渡。过轮渡时并没有等待，车一到就上船了，共用了80分钟。回来时仍是原来的路线，在轮渡处也正好赶上班次，车速也一样。可是到了目的地一看表，却走了一个小时又二十分钟，这是怎么一回事？

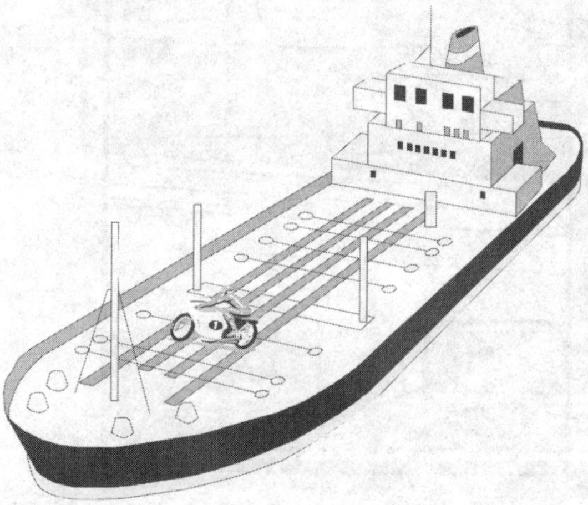

答案

96.

这道题容易给人造成一种错觉，以为是一个很复杂的问题。其实想一想就会明白80分钟和一小时又二十分钟一样长。

97. 飞行员的姓名

你是从上海飞往深圳的一架飞机上的飞行员。上海距离深圳比较远，飞机以每小时900公里的速度飞行，要飞1小时40分钟左右。有一次，由于天气原因，这架飞机中途做了一段时间的停留。请问这位飞行员的名字叫什么？

答案

97.

这位飞行员的名字就是“你”的名字。

98. 不能在夜间吃的饭

什么饭不能在夜间吃？

答案

98.

夜间吃的是晚饭，所以早饭及午饭不能在夜间吃。千万不要想成是馒头、米饭以及稀饭之类的东西。

99. 戴最大号帽子的人

寒冷的冬天，在北京首都国际机场上，戴最大号帽子的人是谁?

答案

99.

戴最大号帽子的人是头最大的人，不论在任何地方，答案都是一样的。你千万不要被"寒冷的冬天"，"在北京首都国际机场上"这样多余的条件迷惑了。

100. 汽车和火车同行

竞赛小汽车在什么时候能够和火车同一方向同一速度前进？

答案

100.

当竞赛汽车装在火车上的时候。

101. 金币与银币

一位王子向智慧公主求婚。智慧公主为了考验王子的智慧，就让仆人端来两个盆，其中一个装着10枚金币，另一个装着10枚同样大小的银币。然后仆人把王子的眼睛蒙上，并把两个盆的位置随意调换，请王子随意选一个盆，从里面挑选出1枚硬币。如果选中的是金币，公主就嫁给他；如果选中的是银币，那么王子就再也没有机会了。王子听了以后，说："那能不能在蒙上眼睛之前，任意调换盆里的硬币组合呢？"公主同意了。

请问：王子该怎么调换硬币组合才能确保他能在更大程度上获胜，娶到公主呢？

答案

101.

王子可以在金币盆里留1枚金币，把另外9枚金币倒入另一个盆里，这样一个盆里就只有1枚金币，另一个盆里就有10枚银币和9枚金币。如果他选中那个放1枚金币的盆，选中金币的几率是100%；如果选中放19枚钱币的盆，摸到金币的几率最大是9/19。王子选中两个盆的几率都是1/2，所以，把前面的两项结果加起来，得出选中金币总的几率就是：100%×1/2+9/19×1/2=14/19，这样远远大于原来未调换前的1/2。

102. 火柴变形

图中用12根火柴排成6个正三角形，每次移动2根，使图中的正三角形分别为5、4、3、2个，该如何去移动？

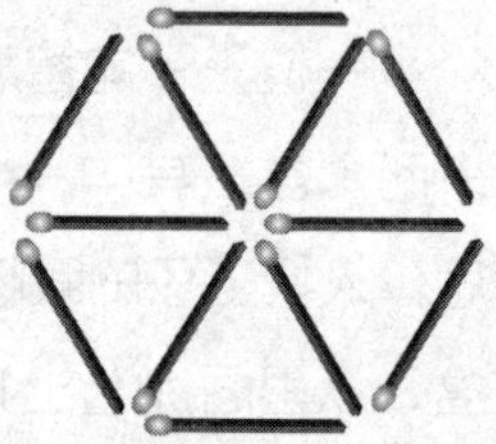

103. 系绳子

小可有红、蓝、黄3根绳子。现在红、黄两条已经系好了一个绳结，在不许解开已经系好的绳结的前提下，你能否把蓝绳按红、蓝、黄的顺序系好呢？

答案

102.

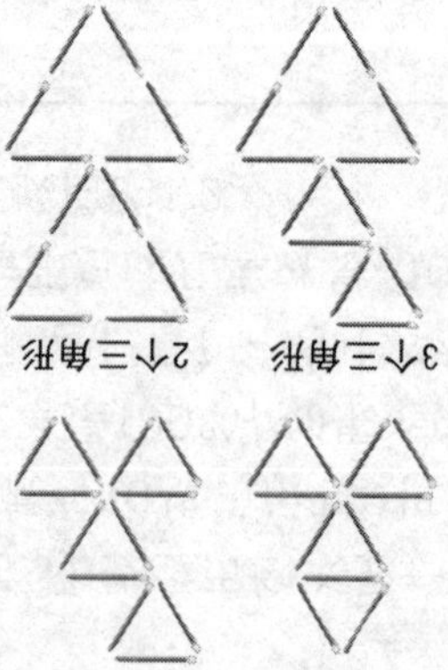

103. 把蓝绳分别系在红、黄绳子的两头。

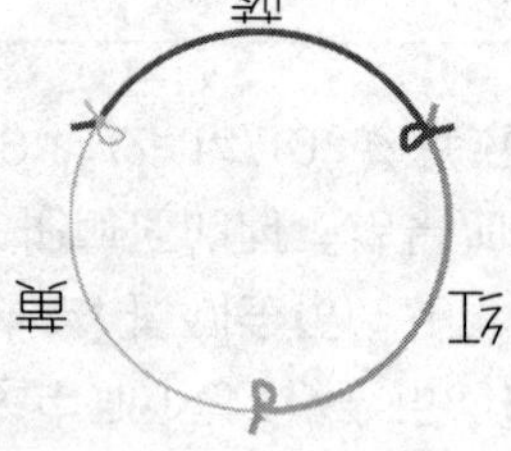

104. 找出不相同的图

A、B、C、D四个图中有一个与其他三个不相同，你能看得出来吗？

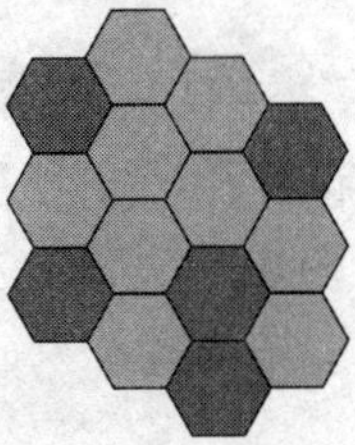

A

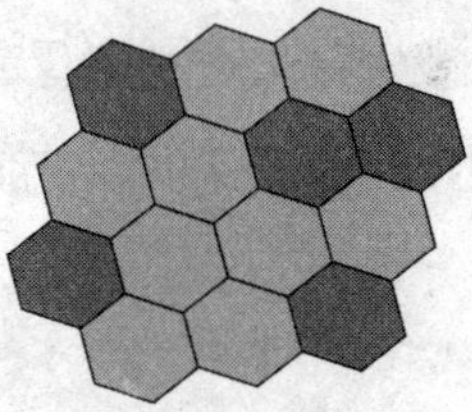

B

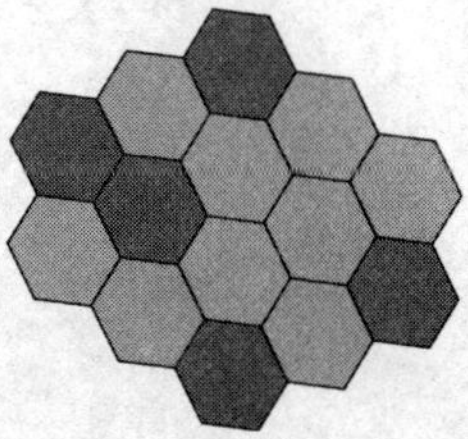

C

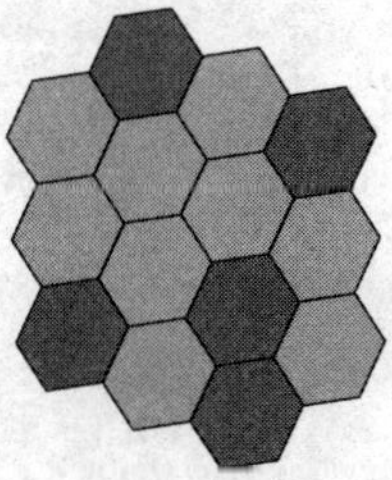

D

答案

104.

A，你只需把图旋转就会发现B、C、D是同一个图形。

105. 转换方向

这里用35根火柴排出了一条呈方形的螺旋线。如果从里向外沿这条螺旋线行进，就要按顺时针方向兜圈子。

现在要求移动4根火柴，使图形仍是一条呈方形的螺旋线，不过从里向外沿这条螺旋线行进时，是按逆时针方向兜圈子。想想该怎样移动？

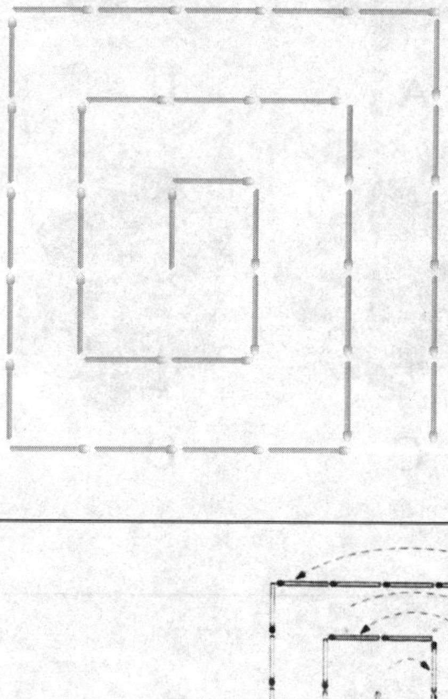

答案

105.

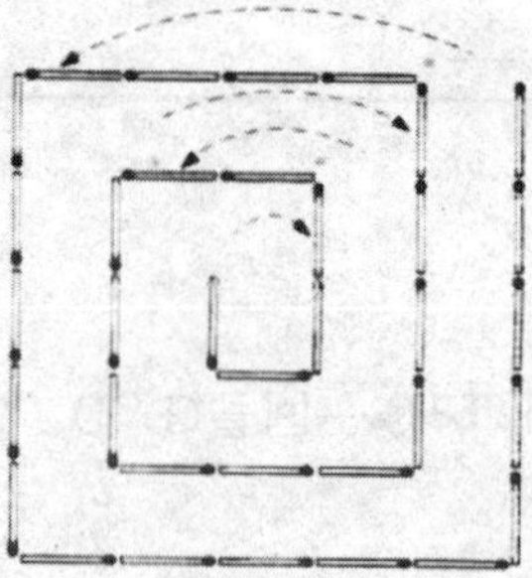

106. 硬币如何落下

找一个小号的广口瓶，将一根火柴棒折成“V”字形（不要完全折断，要使一部分纤维还连着），放在瓶口上。再取一枚比瓶口小一点的硬币放在“V”字形的火柴棒上。在不用手或者其他工具接触“V”字形火柴棒和硬币的情况下，你能想出办法使硬币落到瓶子里去吗？

答案

106.

在火柴棒上滴几滴水，使水分沿着木质纤维的导管渗进去。火柴弯曲处的纤维受潮湿后要膨胀，再加上来自硬币压力，火柴棒自然就会渐渐伸直。这样，硬币就会自动掉进瓶子里去了。

107. 最高的人

仔细看下图，3个人中，最高的是哪一位？

答案

107.

三个人一样高。

108. 语文老师的难题

下图的黑板上是一位语文老师写的诗。每句诗打一个字，这四个字合起来就是一个四字成语。请你开动脑筋想想这个四字成语是什么？

答案

108.

这首诗的谜底是成语“灵机一动”

109. 有多少土

工人在山腰挖了一个大洞，洞深10米，宽1.5米，高2米。请问：洞里面有多少立方米的土？

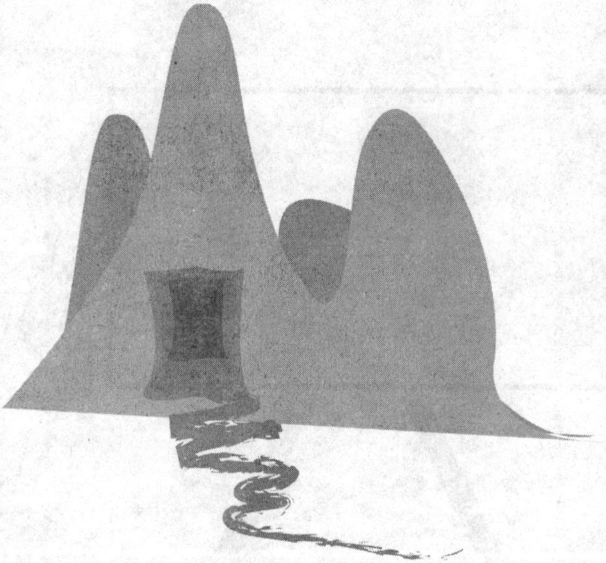

答案

109.

既然是一个洞，怎么会有土？所以，洞里没有土。

110. 放多少糖块

一次放进一颗糖块，一个能装3斤的空罐子能够放进多少颗糖块？

111. 有多少水

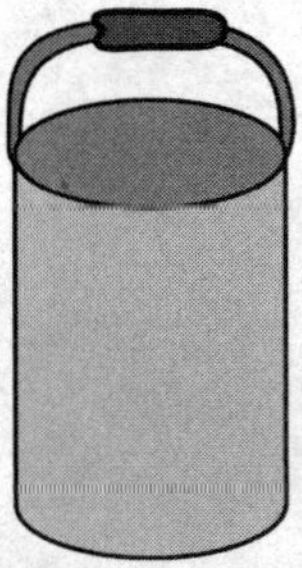

有一个圆柱形的水桶，里面盛了一些水。林林看了说，桶里的水不到半桶；可可则说桶里的水要多于半桶；现在要求不使用其他工具，你能想出办法判断他们俩谁对谁错吗？

答案

110. 一颗。放了一颗糖块以后罐子就不是空罐子了。

111. 把桶半倾，如果水盖不住桶底又没有溢出来，说明少于半桶；如果持平，则刚好是半桶；如果水溢出来，则说明水多于半桶。

112. 最后的赢家

有一张正方形的桌子，两个人先后在桌子上放置同样大小的硬币。谁能在桌子上放最后一枚硬币谁就是赢家。如果让你先放，怎样做才能保证你一定能赢呢？(硬币不能叠放)

如果把桌子换成长方形、菱形、平行四边形、圆形或者正六边形呢？

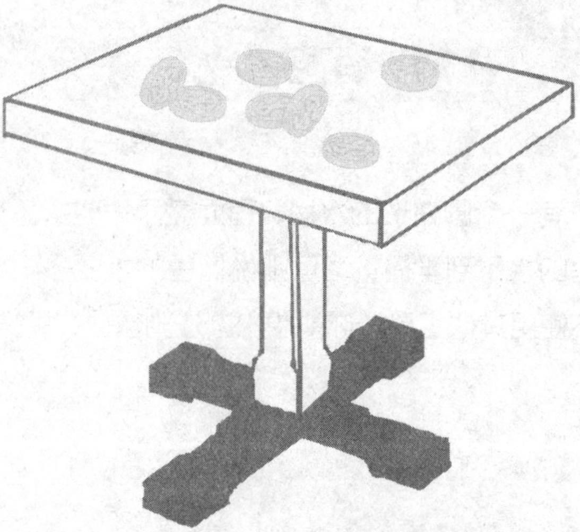

答案

112.

应该先在桌子的正中心放一个硬币，之后无论对方怎么放，你只要在对称的地方放上硬币，直到对方无法放置，你就赢了。

不管换成什么桌子，只要它的形状具备上下左右的对称性，你先把硬币放在桌子的正中间就能赢。

113. 没有办法完成的作业

数学课上，老师开始布置课堂作业，他说：“请同学们把课本翻到35页和36页之间，完成那页上的几道练习题。”

班上学习最好的约翰听了以后，连题都没有看，就对老师说：“您布置的题目根本就没有办法完成。”

你知道怎么回事吗？

答案

113.

35页和36页之间是不存在页码的，不信的话，你可以找本书试试看。

114. 烤饼

有一个烤锅一次只能烤两只饼，烤一面所需要的时间是1分钟。你能在3分钟的时间里烤好三只饼吗？

注意：饼的两面都是需要烤的。

115. 先喝到杯底的饮料

满满一瓶饮料，怎样才能先喝到瓶底的饮料呢？

答案

114.

假设3只饼分别为1、2、3，烤饼的具体步骤为：

先将1和2两只饼各烤一分钟，然后把1饼翻过来，取下2饼，换成3饼；一分钟后，取下1饼，将2饼没有烤过的一面贴在烤锅上，同时将3饼翻过来烤。

115.

把吸管直接插到瓶底，这样就能先喝到瓶底的饮料了。

116. 环球旅行

有两个人想从北京出发驾驶飞机环球旅行。一个人说：我向着北方飞行，只要保持方向不变，就一定能保证飞回北京。另一个人说：我向着南方飞行，只要保持方向不变，也一定能飞回北京。

他们说的对吗?

答案

116.

他们说的都不对，因为飞机越过南极和北极之后，就会改变方向。

117. 谁流汗多

两只狗赛跑，甲狗跑得快，乙狗跑得慢，跑到终点时，哪只狗流汗多？

答案

117.

都不流汗。

狗的皮肤汗腺不发达，所以即使是在大热天或运动之后，也不会出汗。狗经常伸出舌头喘气，让体内部分水分由喉部和舌面排出，这是狗散发体内热量的一种方式。

118. 火车在什么地方

一列火车由北京开到济南需要四个半小时， 行驶两个小时后，这列火车应该在什么地方？

答案

118.

毫无疑问，火车应该在铁轨上。

119. 巧移火柴

下面是淘气鬼扔下的烂摊子。请你移动其中的一根火柴使等式成立。

120. 消失的火柴

下图是由11根火柴组成的两个正方形和一个三角形。现在你只需要移动其中两根火柴，使11根火柴全部消失。(尽情发挥你的创意，从任何角度进行思考……)

答案

119.

120.

121. 巧切西瓜

夏天的时候，爸爸从外面买来一个大西瓜，明明立即拿着刀说要他来切。爸爸则要求如果明明能切4刀把西瓜切成15块，就让他切。明明想了很久也没有想出来怎么切，看来这个西瓜只能由爸爸来切了。

亲爱的朋友们，你能帮帮明明吗？

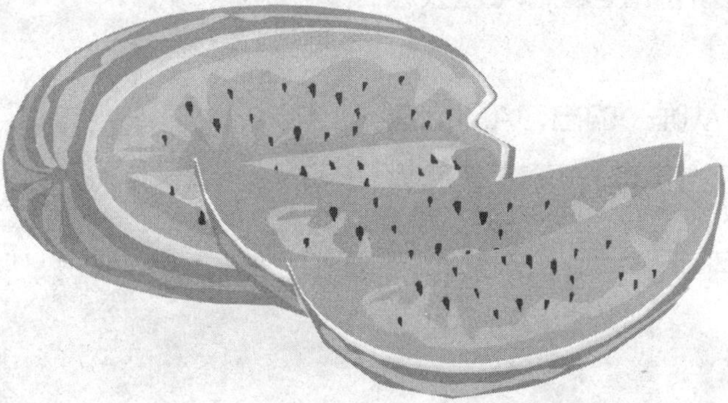

答案

121.

横着切一刀，竖着切一刀，再水平切一刀，这三刀就把西瓜切成了8块，在靠近西瓜中心的位置再斜切一刀。在8块中，这一刀可以切成7块，这样就成了15块。

122. 吃点心

如图：每间房里都有一块点心。老鼠一次吃完所有的点心后，从A门出来。请问老鼠从1～8中的哪扇门进去，才不走重复路线(每间房只允许进出各一次，并且不许从同一扇门进出)？帮老鼠想一想该怎么走。

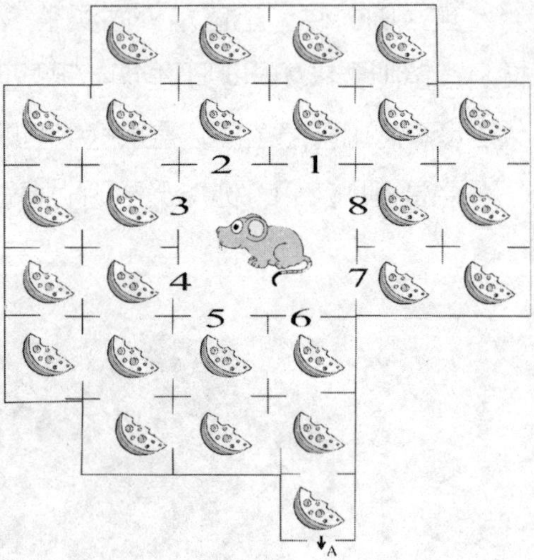

提示：从唯一的出口A门倒着向前寻找路线，这样成功率就大一点。

答案

122.

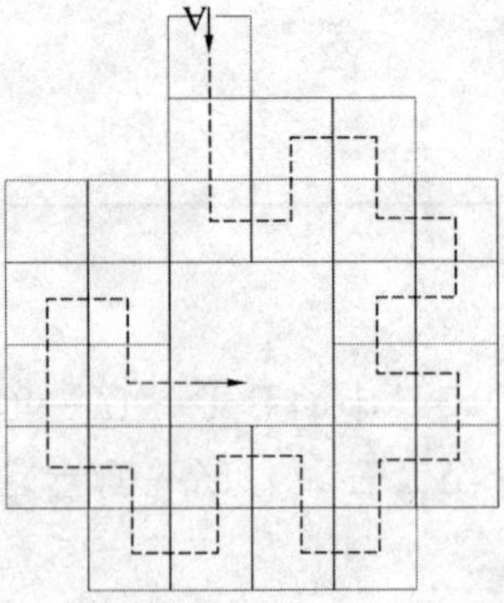

123. 小熊猫的任务

最爱吃竹子的小熊猫今天怀里竟然抱了9根火柴棒。原来，小熊猫是要完成妈妈交给他的任务：用9根火柴棒拼出6个正方形。看来，小熊猫今天是完不成任务了。你能帮帮他吗？

答案

123.

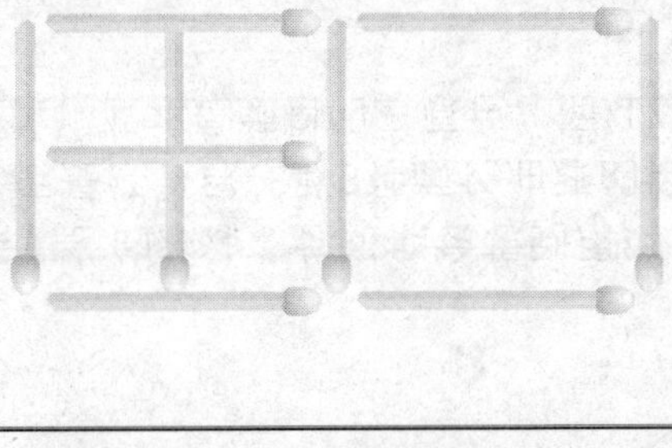

124. 油漆的颜色

杰克想把花园里的篱笆涂上黄色的油漆，但是家里只有红、绿、蓝3种颜色的油漆，他应该怎么做呢?

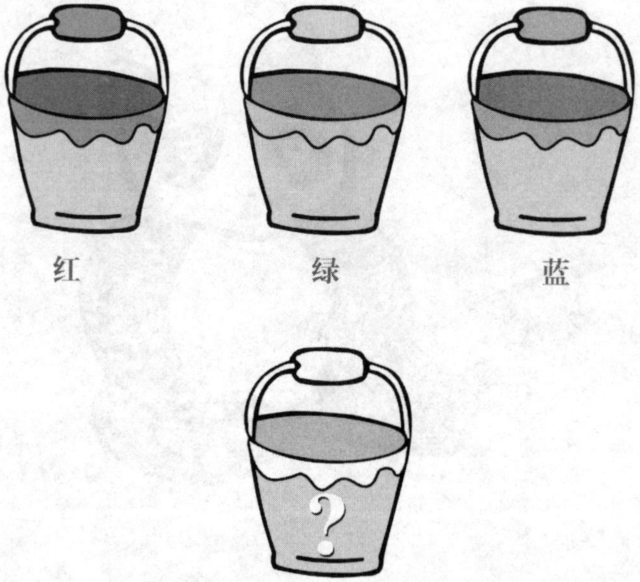

答案

124.

他应该到商店买黄色的油漆。你可能会想到用红、绿、蓝3种颜色的油漆调制出黄色，但是红、绿、蓝3种颜色油漆的组合，是不可能调出黄色油漆的。红、黄、蓝才是颜料的三原色，而红、绿、蓝则是光线的三原色。

125. 极速飞车

有一辆轿车，在全程的最初30秒内以时速5040公里行驶。为了让全程的平均时速能保持60公里，接下来的30秒行驶时，时速应该是多少呢?

答案

125.

无法确定。因为不知道全程是多少。

126. 有趣的任务

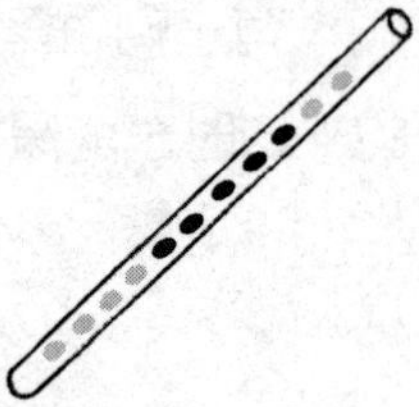

科技课上,老师布置了一个有趣的任务：在一段两端开口的透明软塑料管内,装有11颗大小相同的滚珠，其中有5颗是深颜色的，有6颗是浅颜色的(如图所示)。整段塑料管的内径是均匀的，只能让一个滚珠勉强通过。然后想尽一切办法把深颜色滚珠取出来，但如果不先取出浅颜色滚珠，又不切断塑料管，深颜色滚珠是不会出来的。那该怎么办呢?

127. 房子到底在哪里

地球上有一所房子，当你在房子周围走一圈，要确定4个方向时，会发现四周的方向都一样。那么这所房子到底在哪里?

答案

126. 如图所示，由于塑料管是软的，可以把塑料管弯过来，使两端的管口互相对接起来，让2颗浅颜色滚珠滚过对接处，滚进另一端的管口，然后使塑料管两头分离，恢复原形，就可以把深颜色滚珠取出来。

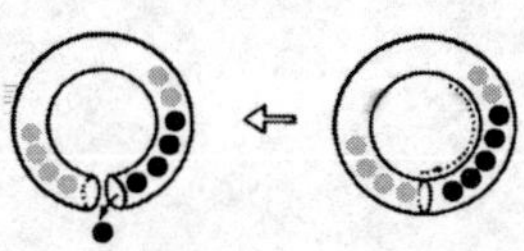

127. 北极或者南极。

128. 联邦调查局的难题

联邦调查局最近接到一份恐怖分子发来的密函(如下图)。联邦调查局的破译组织成员连夜对其进行解密，从古罗马文化联想到古巴比伦文化，再到古埃及的符号，用各种各样的方法和假设都没能解开谜底。一天，一位新来的助手得知此事后，随手拿起这份密函，希望能从中找出一点蛛丝马迹。果然，不到一分钟，新助手告诉大家：这是一份类似于恶作剧的挑衅书，目的是转移联邦调查局的视线。

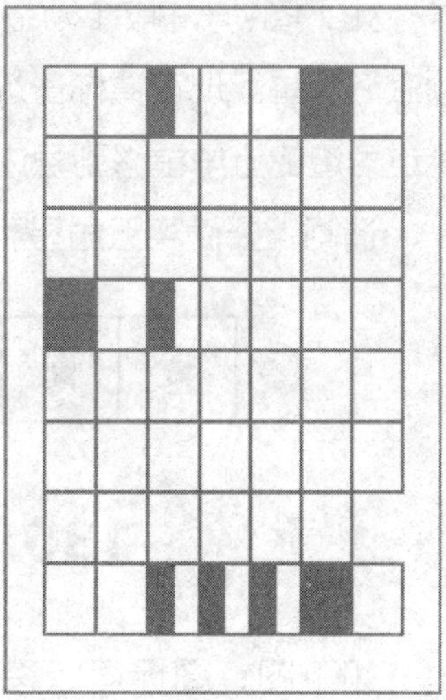

你知道新来的助手发现了什么秘密吗？

答案

128.

这位新来的助手将这份密函水平端起来，凑近鼻子一端，闭上一只眼睛，斜斜地看着图形，发现有"HELLO"的字样。

129. 要跳多少步（1）

如下图：一排7个方格里，前三格里放有3颗实五角星，后三格里放有3颗空五角星。现在请你任选一种方法：把五角星移到相邻的空格上去，或者跳过旁边的五角星移到旁边的空格上去，但一次只能跳一格。

请问：要使实五角星和空五角星的位置互换至少需要多少步？

★	★	★		☆	☆	☆

130. 要跳多少步（2）

如下图，图标可以移动，也可以跳跃，但每次只能移动或者跳跃一格。现在把★▲的顺序改成▲★的顺序（中间☆的位置不变），至少需要多少步？

★	★		☆	☆		▲	▲

答案

129. 至少需要15步。

130. 至少需要20步。

131. 红豆和绿豆

用一个锅同时炒红豆和绿豆，炒熟后往外一倒，红豆与绿豆便自然分开，请问该怎么炒？

答案

131.

锅里只炒一粒红豆和一粒绿豆就行了。如此简单的问题，为什么很多人想不出答案呢？原因就在于这个问题突破了人们日常的思维定式和思维习惯。所以，我们在以后的工作或学习过程中，一定要打破思维定式，那样，更有创意的想法就会自然而然地冒出来了。

132. 大力士的困惑

力量村里生出来的孩子都力大无比。其中有一个大力士可以轻易地举起200公斤的东西，但有一天，他竟然连一件100公斤重的东西都举不起来，请问这是为什么？当然，他没有生病也没有受伤。

答案

132.

因为他要举起的是他自己。

133. 创意字谜

下面是一个非常有趣的字谜，你能猜出答案来吗？

去上面是字，
去下面是字。
去中间是字，
去上下是字。

答案

133.
亭。

134. 取代图形

可以取代问号位置的图形应是A、B、C、D中的哪一个？

A　B　C　D

答案

134.

B，正如第二图是第一图垂直翻转180度再顺时针旋转90度而得的一样，B和第三个图也具有这样的关系。

135. 包青天断案

衙门外传来阵阵击鼓声，包青天细问才知道是两位母亲在争儿子。两个人都振振有词说孩子是自己的，清楚孩子身上哪个地方有胎记。双方争执不下，很难判断，就来请包青天明察。包青天想这家务事是最难断的，但这两位母亲中必定有一位是假的，何不想个办法试探一下。果然，包青天一说出他的方法，就试探出了哪一位母亲是假冒的。

你猜包青天想出了什么方法？

答案

135.

包青天郑重其事地下令将孩子劈成两半，一人一半，来平息纠纷。其中一位母亲说同意，另一位母亲却为孩子求情，愿意把孩子判给对方，而不忍让孩子劈成两半，包青天据此断定保全儿子性命的就是孩子的亲生母亲。

136. 世纪的问题

请问：2000年6月1日是多少世纪?

答案

136.

是20世纪。21世纪是从2001年1月1日开始的。

137. 奇怪的科学家

一位科学家来到一个小镇，他发现镇上只有两位理发师，每人各有自己的理发店。科学家需要理发，于是他先察看了一家理发店，一眼就看出它非常脏，理发师本人衣着不整，而且头发凌乱，这说明这个理发师理得很蹩脚。再看另一家理发店，店面崭新，理发师的胡子刚刮过，而且头发修剪得非常好。科学家稍作思考，便返回了第一家理发店。你猜这是为什么呢？

答案

137.

因为镇上只有两位理发师，这两位理发师必然要给对方理发。科学家挑选的是给对方理出最好发式的那位理发师。

138. 钱塘江的潮水

每年七八月份是钱塘江涨潮的季节。七月的一天，钱塘江岸边不远处停着一只船，船上挂着一根打了结的绳子，结与结之间间隔25厘米。最下面一个结刚好接触到水面。潮水每小时以20厘米的速度上涨。请问：要经过多少时间潮水可以把绳子的第四个绳结淹没？

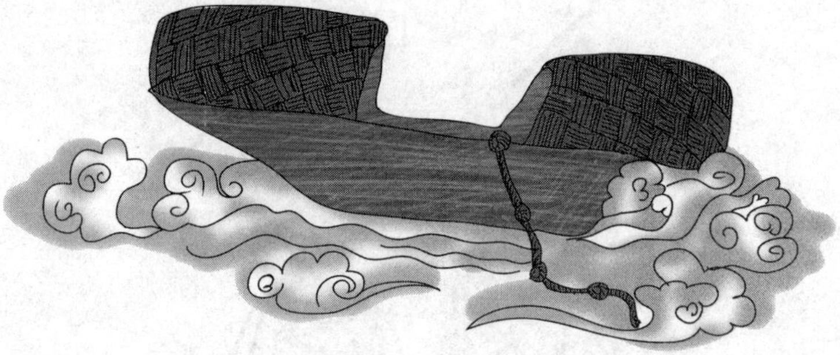

答案

138.

对于这种物理现象，那就要考虑各方面的问题。在这个问题中，如果不考虑水涨船高绳也高的现象，那么潮水是永远都不会淹没第4个绳结的。

139. 小猴的游戏

聪明的小猴拿着10根火柴棒在院子里摆弄不停。小兔子问他在干什么，小猴说他要完成妈妈交给他的任务：用10根火柴拼成一个含有10个三角形、2个正方形、2个梯形和5个长方形的图形。可小猴怎么拼也达不到妈妈的要求，小兔子一把接过他手中的火柴棒，两三下就拼成了。你知道小兔子拼成的图是什么样的吗？

答案

139.

140. 餐厅的面试题

一位刚毕业的学生到一家大型的餐厅应聘主管。主考官出了这样一道题目来考他：请在正方形的餐桌周围摆上10把椅子，使桌子每一面的椅子数都相等。应聘者想了很久都没有想出来，你能帮帮他吗？

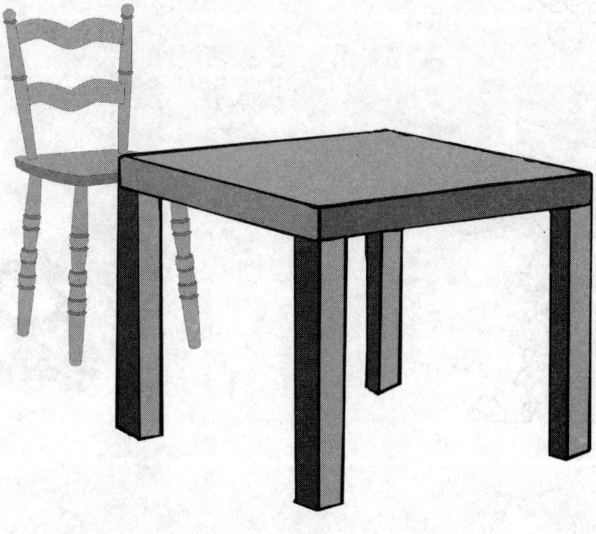

答案

140.

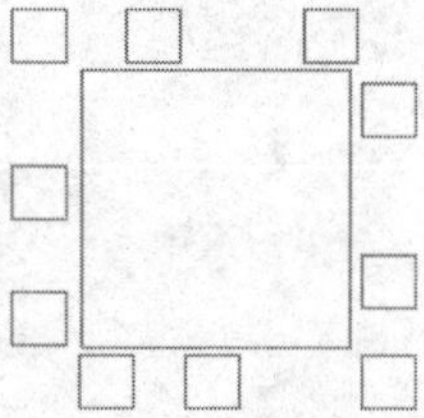

141. 斯芬克斯谜题

古希腊有一个神奇的怪物叫斯芬克斯，它上身是一个女人的头像，后面却是狮子的身体。斯芬克斯来到底比斯城后，蹲在一个小山头上，注视着过路的人。每一个进入底比斯城的人都会被它拦住，然后被问一个问题：

世界上有一种动物，这种动物早晨四条腿，中午两条腿，晚上三条腿，腿越多，力量越弱。这是什么动物？

如果行人答不上来，立刻会被它吃掉；如果行人答对了，斯芬克斯就会跳悬崖而死。后来俄狄浦斯回答了出来，为底比斯城除去了一大祸害。你知道应该怎么回答吗？

答案

141.

答案是人。

早晨，象征人刚出生的时候，是靠腿和手爬行走路的，所以早上起来的时候四条腿；中午象征是人到了中年，是两条腿直立行走的，所以中午两条腿；晚上三条腿就是指人衰老的时候要借助拐杖走路，那么这个拐杖就形成了人的第三条腿，所以晚上三条腿。

142. 互看脸部

两个人一个面向南一个面向北站立着，不允许回头，不允许走动，也不允许照镜子，她们怎样才能看到对方的脸？

答案

142.

“一个面向南一个面向北站立着”，如果你认为两个人是背对背而立，那就得不到答案了。两个面对对方站立的人，也同样可以一个面向南，一个面向北站立啊。

143. 谁更近

有一个人从A地骑自行车到B地去，而另一个人开车从B地驶往A地。在路上，他们相遇了，你知道这个时候谁离A地更近吗？

144. 排队

如果要24个人站成6排，每排分别有5个人，应该怎么站？

答案

143. 他们离A地的距离是一样的。因为他们相遇时是在同一个位置。

144.

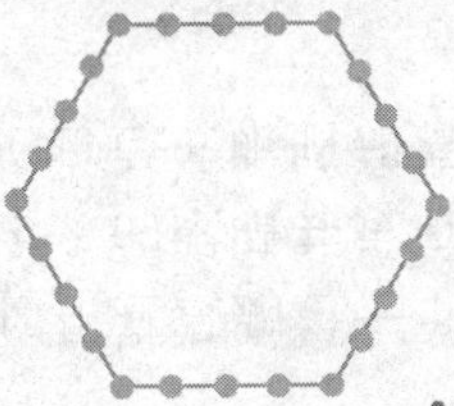

145. 错位的眼睛

画中人的眼睛错位了吗？

146. 巧得氧气

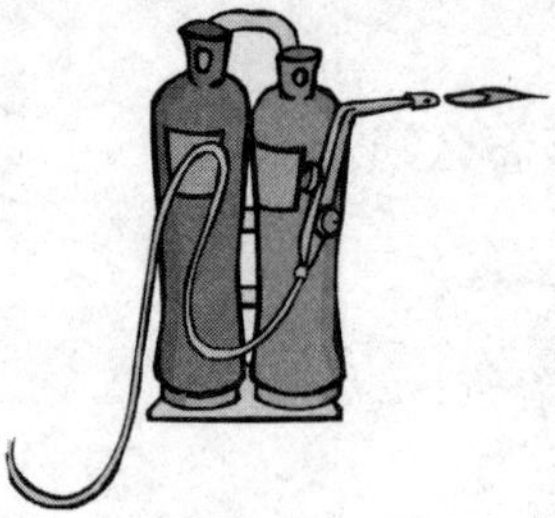

冬天的一个清晨，焊工差几个焊接点就将完成焊接任务时，氧气瓶里没有氧气了。这时候，焊工怎样才能快速弄到一点氧气以便把工作完成呢？

答案

145. 如果你用直尺测量一下，会发现这个人的眼睛并没有错位，但我们自己的眼睛却看错位了。

146. 可以给氧气瓶加热，使里面的压力升高，氧气就能继续送出。当然，这只是应急之法，因为这样得到的只是剩余的一点点氧气。

147. 近视眼购物

李明因为长期躺在床上看书，日子一久就变成一拿掉眼镜，几乎看不见外在物体的深度近视眼。虽然平时他戴有框眼镜的次数多于戴隐形眼镜，但只有购买某件物品的时候，他觉得还是戴隐形眼镜比较适合。

请问：李明购买的是什么物品呢？

148. 洞中捉鸟

田田在捕鸟时，发现一只小鸟飞进一个小洞里躲了起来。小洞很狭窄，手伸不进去，如果用树枝戳的话，又怕会伤害小鸟。你能想一个简便的办法，把小鸟从洞里捉出来吗？

答案

147. 眼镜框。因为李明是深度近视，一拿掉眼镜几乎看不见，如果不戴隐形眼镜，自己就不能确定购买的镜框是否美观、合适。

148. 可以用沙子慢慢地把洞灌满，这样，小鸟就会随着沙子的增多而回到洞口。

149. 开环接金链

有四段3个环连成的金链，要设法将它们连成一个金链圈，至少要打开几个环？

150. 倒绿豆

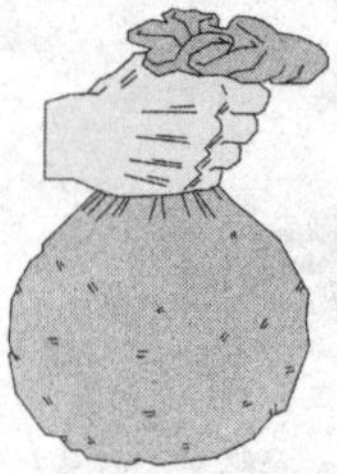

在一个袋子里先装绿豆，用绳子扎紧袋子后，再装进小麦。在没有任何容器，也不能将粮食倒在地上或其他地方的情况下，你能先把绿豆倒入另一个袋子中吗？

答案

149. 只要打开3个环就够了。随便你打开哪3个环，只需要将那3个环把其他的金链首尾相接就行了。

150. 先把袋子上半部分的小麦倒入空袋子，解开原先袋子的绳子，并将它扎在已倒入小麦的袋子上，然后把这个袋子的里面翻到外面，再把绿豆倒入袋子。这时候，把已倒空的袋子接在装有小麦和绿豆的袋子下面，把手伸入绿豆里解开绳子，这样小麦就会倒入这只空袋子，另一个袋子里就是绿豆。

151. 鸡蛋怎么拿回家

乐乐打完篮球，穿着背心、短裤，抱着篮球回家。路上突然想起妈妈让他买些鸡蛋回家，于是就买了十几个鸡蛋。可是，没有其他的工具，这些鸡蛋该怎么拿回家呢？

答案

151.

乐乐可以把篮球里的气放掉，把球的一面压瘪，使球呈一个碗形，然后把鸡蛋放在里面拿回家。你还有其他更好的方法吗？

152. 过独木桥

妞妞跟着挑着箩筐的爸爸过独木桥，走到桥中间的时候，迎面走来一个小男孩牛牛。妞妞和牛牛谁也不肯让谁，妞妞的爸爸怎么劝说也不行，于是他急中生智，想出了一个办法，使他们各自过去了。你知道应该怎么做吗?

答案

152.

妞妞的爸爸把两个小孩放进两边的箩筐里，转一个身，两个小孩就互相换了位置，各自过桥了。

153. 比比谁的马慢

一场骑马比赛正在进行，哪匹马走得最慢就是胜利者。于是，两匹马慢得几乎“停止不前”，这样进行下去，比赛什么时候可以结束呢？在保证能选出最慢者（优胜者）的前提下，你能想办法让比赛尽快结束吗？

答案

153.

可以让两个赛手的马交换，这样，两个赛手都想使自己骑着的对方的马跑得快点。用“调换一个角度”的办法，把“比慢”变成了“比快”，所以比赛很快就结束了。

154. 喝水

满满一大壶水，足有5公斤重，一口只能喝半杯，你能在10秒内让水壶一下子变空吗？

155. 滚动的火柴

拿一根火柴从一米高的地方松手让它下落，你能让它落地后不再滚动吗？

答案

154. 随便你怎么做都可以，比如把水一下子泼在地上。看好了，题目并没有限制这样做。

155. 火柴从高处落地后会滚动，是因为火柴的形状细长，稍有侧力就会滚动。其实，只需要改变火柴细长的形状就行了。比如把火柴从中间折弯，落地后就不滚动了。

156. 检查小球

一家玩具公司生产的一盒玩具球中，有4个小球，每个小球都是按照一定标准的重量制造的。在质检过程中，工作人员发现其中一个小球是次品。现在知道那个次品的重量要比其他合格品的重量重一些。如果让你用天平只称量一次，你知道如何判断哪个小球是次品吗？

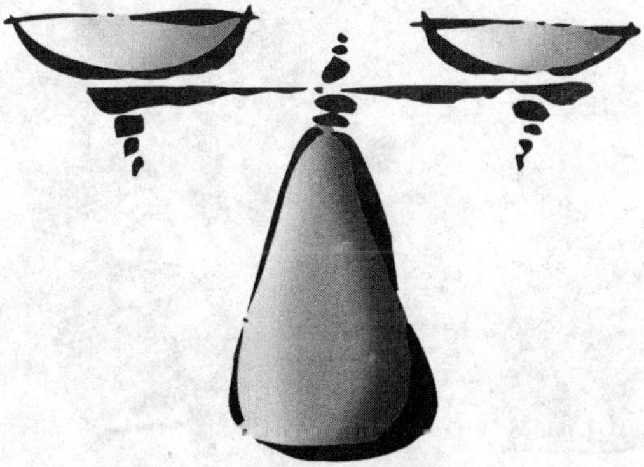

答案

156.

在天平两端各放两个小球，次品的那端肯定重，然后在天平两端各拿走一个小球。如果这时天平是平衡的，那么刚才重的那端拿起来的小球是次品；如果天平还是不平衡，那么现在重的那端的小球就是次品。

157. 永远坐不到的地方

儿子和爸爸坐在屋中聊天。儿子突然对爸爸说：“我可以坐到一个你永远坐不到的地方！”爸爸觉得这不可能，你认为可能吗？

答案

157.

可能。爸爸永远都坐不到他自己的腿上。

158. 角度排序

不要使用量角器，下图中哪一个角最大？哪一个角最小？你能按从小到大的顺序排列一下吗？

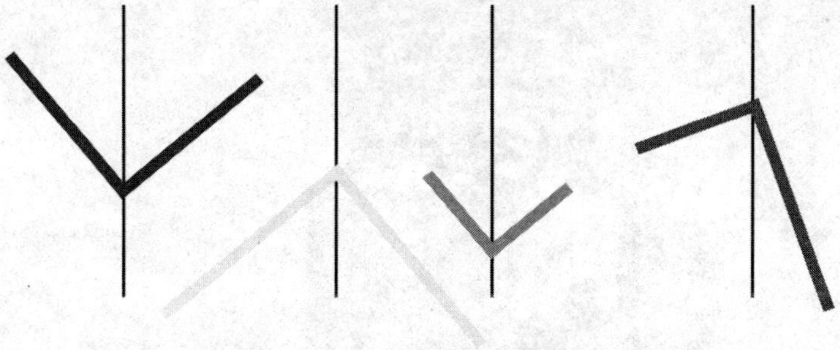

答案

158.

所有的角都是90度直角，不信的话你可以用量角器测量一下。而在我们的感觉中，红角看上去要大一些，绿角看上去则要小一些。

159. 同颜色的糖块

有一瓶糖块，其中有红、黄、蓝3种颜色。如果蒙上你的眼睛，让你抓取两个同种颜色的糖块：请问你至少要抓取多少块，才能确定你抓到的糖块中至少有两块同样颜色的糖块？

答案

159.

拿3块，可能红、黄、蓝各一种。只要抓取4块就一定能确定有两个同样颜色的糖块。

160. 还有几条活蚯蚓

汤姆钓鱼时用蚯蚓当鱼饵，他共抓了5条蚯蚓，后来分鱼饵时把2条蚯蚓切成了2段，当时，汤姆还有几条活蚯蚓?

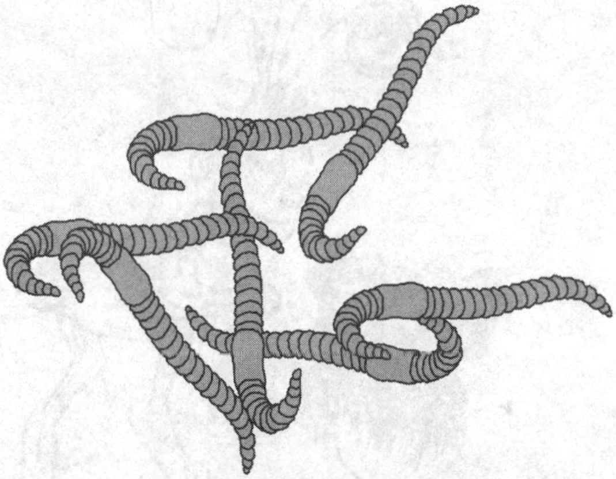

答案

160.

有7条蚯蚓，因为被切为两段的蚯蚓都活着。

161. 还剩几只兔子

在一个生长茂盛的菜园里，有128只兔子在埋头偷吃萝卜。农夫看见后非常生气，拿起猎枪“砰”地一枪打死了一只兔子。请问菜园里还剩多少只兔子？

答案

161. 当然只剩下一只死兔子了。

162. 哪个是另类

下列5个字母中哪一个是另类，最不像其余4个字母？

H	K	N	E	Z
(1)	(2)	(3)	(4)	(5)

答案

162.

(2)是另类，其余的字母都有1条斜线或者没有斜线，但(2)有2条斜线。

163. 拼11

用3根火柴拼出两种“11”的写法。

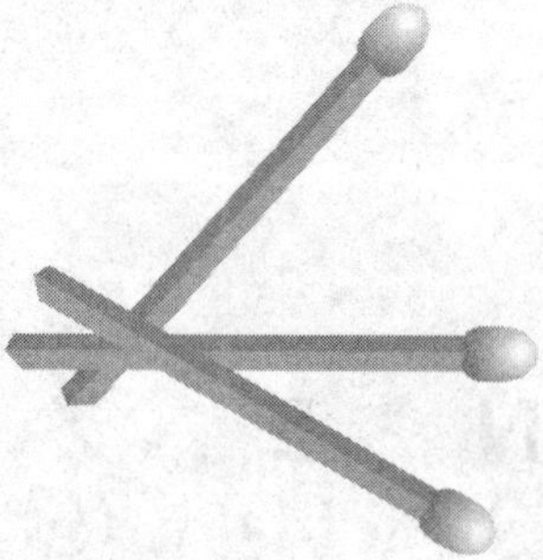

答案

163.

(1)

(2)

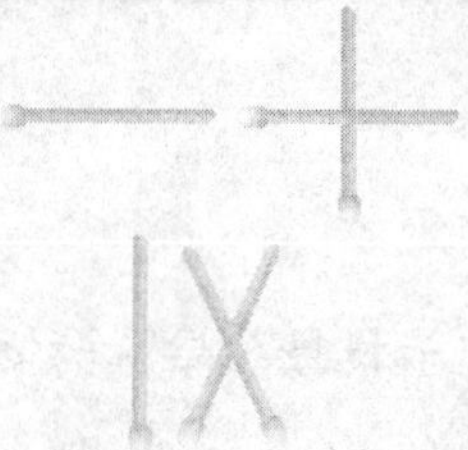

164. 什么骗了你

下面几组图形中，由于你的眼睛“欺骗”了你，使你产生了错觉，不信就用尺子量一量。

(1) 两个正方形哪一个大?

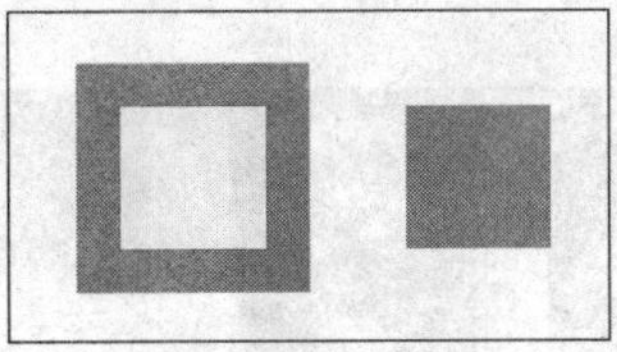

(2) 两条对角线哪一条长?

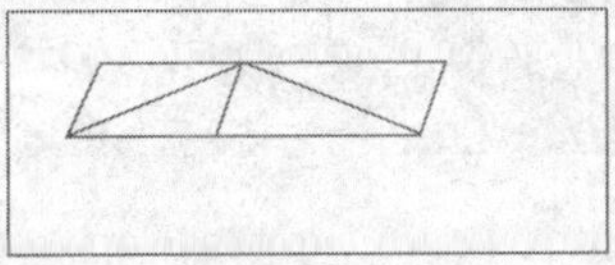

答案

164.

(1) 大小相等

(2) 长短相等

165. 让人高兴的死法

从前有一个人触犯了法律，被国王判处死刑。这个人请求国王宽恕，国王说：“你犯了死罪，罪不能赦。但我还是允许你选择一种死法。”这个人一听，非常高兴地选择了一种死法，而国王一言既出，驷马难追，看到这样的结果只好无奈地摇了摇头。

请问：这个人到底选择了一种什么死法那么高兴呢？

答案

165.

这个人选择了“老死”的死法。

166. 奇怪的人

一个没有双眼的人看到树上有苹果，他摘下了苹果又留下了苹果。这是为什么呢？

答案

166.

他没有双眼，但有一只眼睛。他看到树上有两个苹果，他摘下一个并留下了一个，所以他摘下了苹果又留下苹果。

167. 区别在哪里

下面这组图片中有两处明显的区别，你知道是哪两处吗？

答案

167.

这两个不同的地方是：(1)帽子上的小花的色彩不一样。(2)她们被画在这一页的不同位置。

168. 孤独的星星

下图中，哪一颗星星不属于这个星座？

答案

168. 最上面的黑色星星。因为其他的同色星星都可以分别成为正三角形。

169. 哪个冷得快

在同样的条件下，把两杯不同温度的牛奶放到同一个冰箱里，温度高的一杯与温度低的一杯哪个冷得快?

答案

169.

温度高的一杯冷得快。不信，你可以亲自试验一下。这就是姆潘巴现象。冷却的快慢不是由液体的平均温度决定的，而是由液体上表面与底部的温度差决定的，热牛奶急剧冷却时，这种温度差较大，而且在整个冻结前的降温过程中，热牛奶的温度差一直大于冷牛奶的温度差。上表面的温度愈高，从上表面散发的热量就愈多，因而降温就愈快。

170. 古铜镜是真的吗

张老先生喜欢收藏一些古玩意，他没事的时候就到旧货市场上转转。这天，他看到一位年轻人拿着一面古铜镜在市场上叫卖，镜子上铸有“公元前四十二年造”的字样，张老先生不用请专家就知道这面古铜镜是假的。你知道为什么吗？

答案

170.

公元前四十二年的时候，这个概念还没有产生；汉字的公元纪年到20世纪才出现。在使用公元纪年前，是使用帝号纪年和干支纪年。

171. 可以替换的词

下面6个词组中的动词大多不能互换，然而有一个字是可以代替所有的动词的，你知道是哪一个吗？

（1）跳水　（2）买油　（3）砍柴
（4）做短工　（5）写稿子　（6）敲鼓

172. 摆放不规则

下面有4颗摆放很不规则的星星，你能用一个正方形将它们连在一起吗？

答案

171. 可以用“打”字代替。

172. 这4颗星星连在正方形的三条边上。

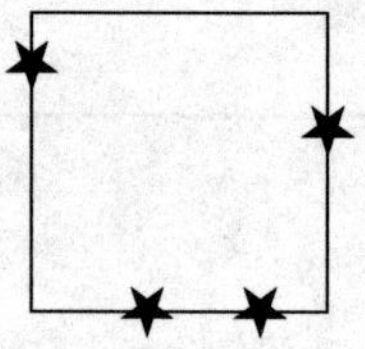

173. 单数与双数

9的罗马写法是IX。请问：如何加上一笔使它变成偶数？

答案

173.

SIX。

174. 生日蛋糕如何分

今天是聪聪的10岁生日。舅舅给他送来了一个特别大的圆形蛋糕。可即使是聪聪的生日，舅舅还是要考一下他，舅舅对聪聪说：“如果你能把这块蛋糕分成完全一样的两份——不但一样重，形状也要相同，而且分出来的形状必须全部由曲线组成，不准有直线段，那我就再奖励你一份礼物。”聪聪盯着蛋糕看了半天也不敢动手。你能帮帮他吗？

答案

174.

舅舅的要求其实就是“太极图”的画法。

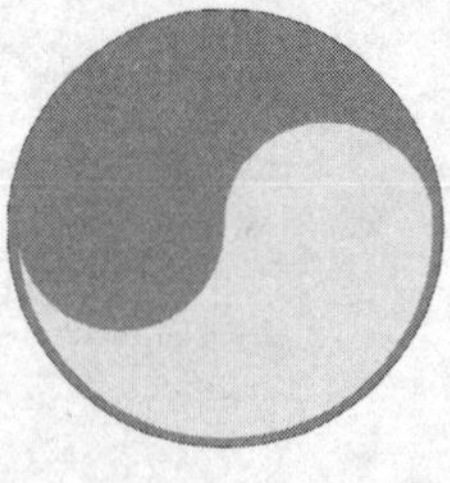

175. 开罚单的机会

小丁和小林每人刚买了一辆新车，周末约定开着新车去自驾旅游。他们同时由同一个地方出发，走的是同样的路线，小林的车没有超速，小丁的车也从来没有超过小林的车。

请问：小丁有可能被开罚单吗？

答案

175.

有可能。比如：小丁的车先慢下来，然后加大油门加速追赶。

176. 奇怪的数字

请问：什么数字减去一半等于零？

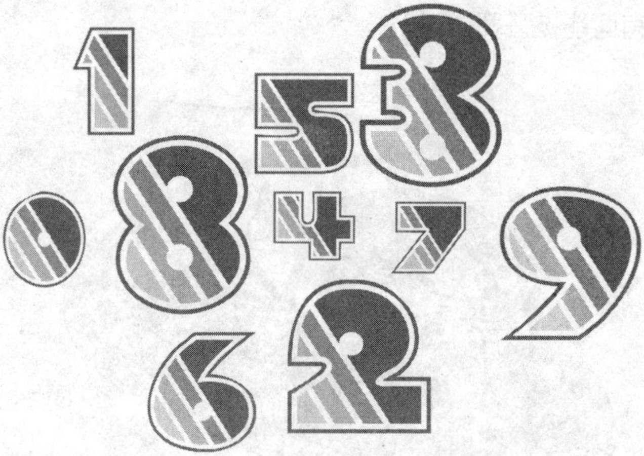

答案

176.

8(上下一半)。

177. 错在哪里

在本页中有一个很明显的错误，细心的你能够找出来吗？

“王”字是由四画组成的。

3+5-9=-1

3乘以7再减去5等于16。

6除以1/5等于30。

答案

177.

尽可能地尝试答案吧，你会发现这些表述没有任何一个是错的。

但是你发现了没有，这一页的页码错了。

178. 正反都一样的年份

哪一年的年份写在纸上，再把纸倒过来看仍然是这一年的年份数？

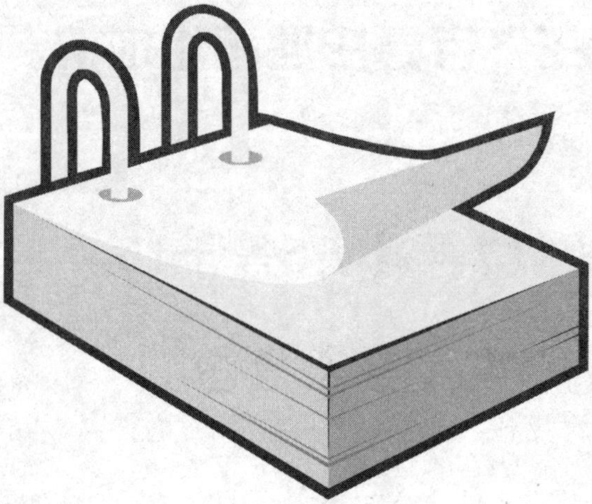

答案

178.

1961。

179. 一笔画出的有几个

下面3个图，你能一笔画出的有几个？

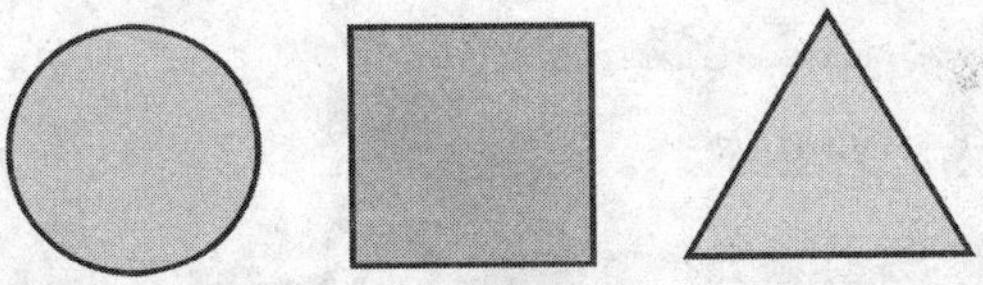

180. 和值最大的直线

8	1	6
3	5	7
4	9	2

请在下图中画一条直线，使得直线所经过的格子和值最大。

答案

179. 最多只能是一个，因为你画出第一个图后，就必须再拿起笔才能画第二个！

180.

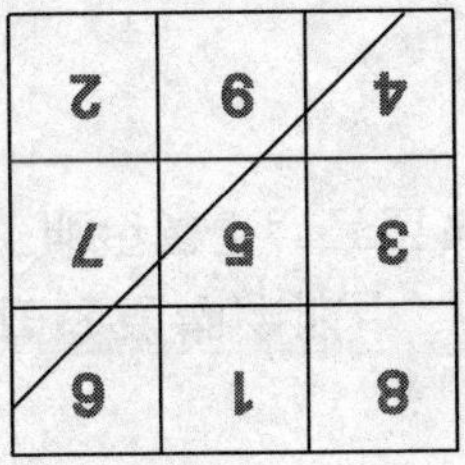

181. 糊涂账

有一个吝啬鬼去饭店吃面条，他花一元钱点了一份清汤面。面上来了，他又要求换一碗二元钱的西红柿鸡蛋面。服务员对他说："你还没有付钱呢！"吝啬鬼说："我刚才不是付过了吗？"服务员说："刚才你付的是一元钱，而你吃的这碗面是二元钱的，还差一元呢！"吝啬鬼说："不错，我刚才付了一元钱，现在又把值一元钱的面还给了你，不是刚好吗？"服务员说："那碗面本来就是店里的呀！"他说："对呀！我不是还给你了吗？"

这么简单的账怎么就弄糊涂了呢？吝啬鬼真的不需要付钱了吗？

答案

181. 在这笔糊涂账中，关键在于第一次的一元钱已经"变"成了面条，不能再算了。吝啬鬼还应该再付一元钱。

182. CD的纹路

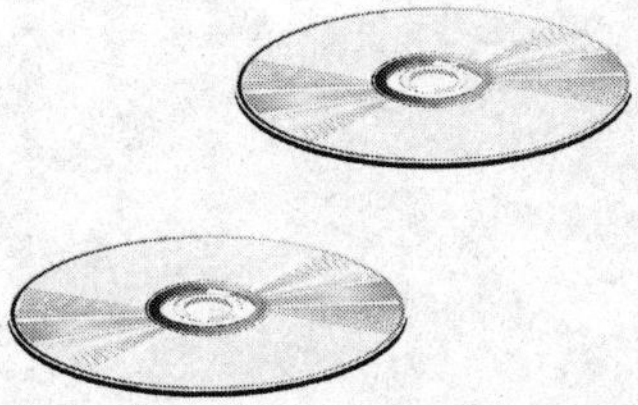

一张CD唱片转速是 100转/分钟，这张CD唱片能运转45分钟。请问：这张CD唱片总共有多少条纹路？

183. 倾斜的线条

仔细看一看，下图中竖直的线条是倾斜的吗？

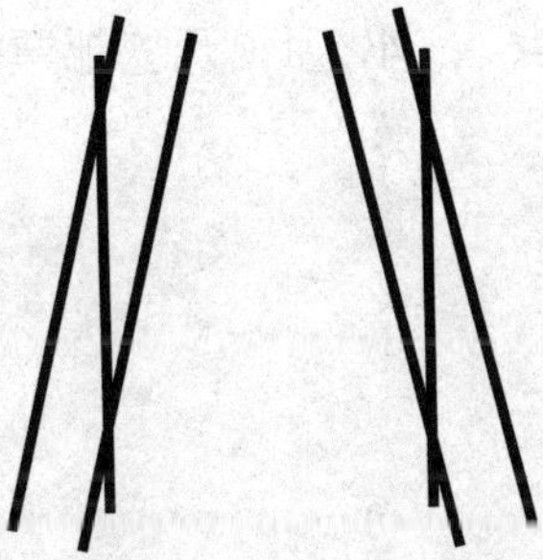

答案

182. 一张CD唱片只有一条纹路。

183. 这就是著名的倾斜感应。尽管竖直的线条看起来有点朝外倾斜，但它确实没有倾斜。斜线会引起我们方向感的错觉，使倾斜的效果变得更强烈。

184. 黑度的区别

左边的圆和右边的圆的黑度是一样的吗？

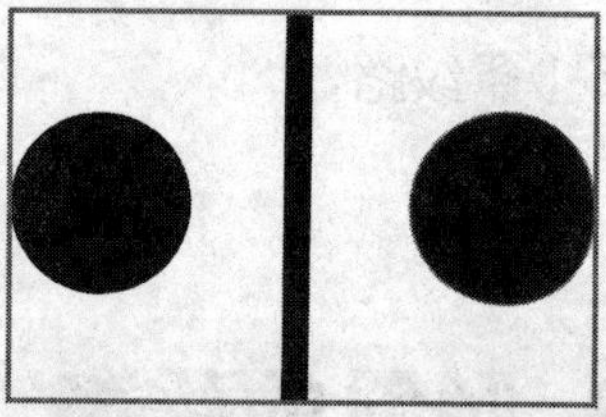

185. 邮票有几枚

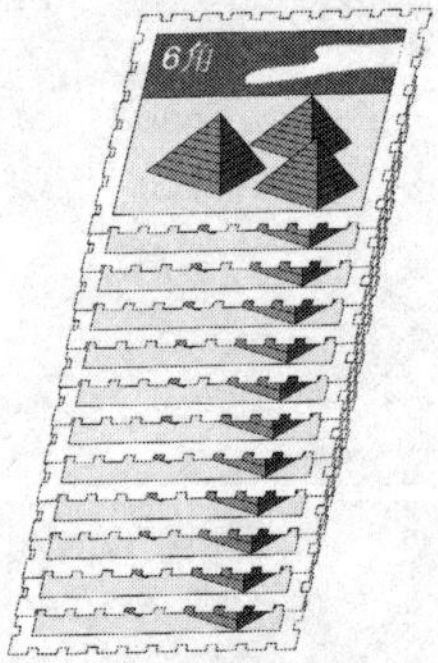

6角的邮票每打有12枚，那么1.2元的邮票每打应有几枚？

答案

184. 左边的黑度与右边的黑度是一样的。"模糊"可以给人在感觉上改变事物的本身的色度。

185. 每打总是12枚，不会因为面值的变化而变化。

186. 几堆水果

有4元/千克的香蕉一堆，2元/千克的苹果一堆，4元/千克的橘子一堆，合在一起，你猜共有几堆？

答案

186.

合在一起就只能是一堆了。

187. 地球上唯一的男人

地球上唯一存活下来的男人，坐在桌旁准备写遗书，突然听见外面有“叩叩”的敲门声，人类以外的动物早就死光了，也不可能是石子被风吹起打在门上的声音。当然，外星人也没有入侵地球，那么，到底是谁在敲门呢?

答案

187. 女人。

188. 一笔成图

下面这6幅图有一些是可以一笔画出来的，有一些是不能一笔画出来的。你能判断出哪些图能一笔画出来，哪些图不能一笔画出来？要求是不能重复已画的路线。

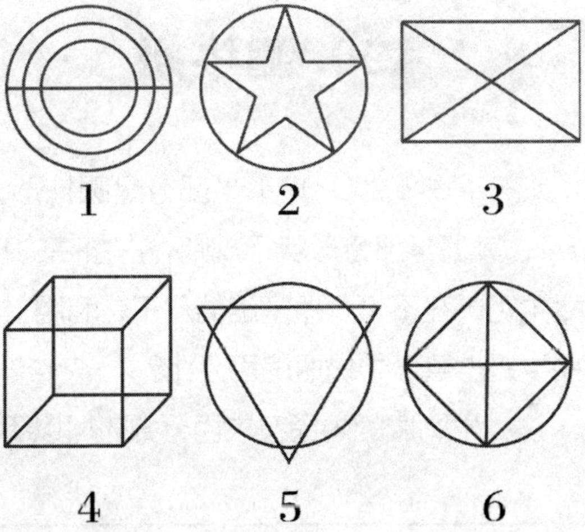

答案

188.

1、2、3可以一笔画出来，4、5、6不能一笔画出来。

189. 汉字积木

在下面的积木块中，这五块积木可以组成汉字“上”，你知道应该怎么拼吗？

190. 测牛奶

有一个牛奶瓶，其下半部分是圆柱形，高度为整个瓶高的3/4；其上半部分形状不规则，占瓶高的1/4。现在瓶内只剩半瓶牛奶，在不打开瓶塞的情况下，利用一把直尺，怎样测定这些牛奶占整个牛奶瓶的百分比？

注：牛奶瓶的内径在求百分数时可以不计。

答案

189.

如图：

190

先把牛奶瓶正放，用直尺量出瓶子里牛奶的高度；再把瓶子倒过来，量出从牛奶的液面到瓶底的高度。牛奶在瓶子圆柱形部分占的高度和第二次量的空余部分占瓶子圆柱形部分的高度相加，就是整个牛奶瓶容积的圆柱体高度。这样，就可以用牛奶的高度占整个牛奶瓶高度的百分比算出牛奶占整个瓶子容积的百分之几了。

191. 狭路相逢

一条河上有一座独木桥，只能容一个人通过。有两人来到桥头，一个从南来，一个向北去，想要同时过桥，如何过法?

答案

191.

从南来和向北去是同一方向，他们可以一前一后地过桥去。

192. 不落地的苹果

把一个苹果系在一根3米左右长的线的一端，另一端系在高处，把苹果悬挂起来，你能够从中间剪断这根线，并保证苹果不会落地吗?

193. 多少个等边三角形

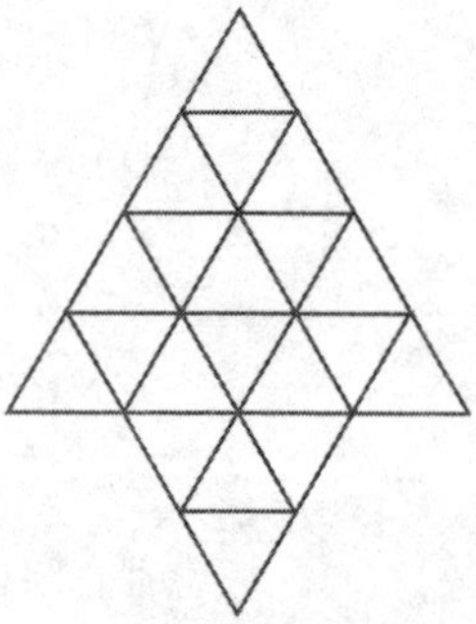

发挥你的想象力，仔细数一数，下面图形中到底有多少个大小不同的等边三角形?

答案

192. 在线的中间打一个活结，使结旁多出一股线来，从线套中间剪断，苹果不会落下来。

193. 35个。你是不是有遗漏呢?

194. 熊是什么颜色的（1）

一口井深20米，一只熊从井口跌到井底，花了2秒钟。请问：这只熊是什么颜色的？

195. 熊是什么颜色的（2）

一口井深20米，一只熊从井口跌到井底，花了2分钟。请问：这只熊是什么颜色的？

答案

194. 这只熊是白色的。其原因是：地球不是圆的，而是椭圆。根据万有引力，离地球地心越近，地球引力越大。再根据地理知识，地球上哪里离地球地心较近哪里就是在两极，也就是说，只有在两极，熊才能在2秒钟的时间里下落20米，在其他的地方是不可能实现的。而南极没有熊，北极只有一种北极熊，当然是白色的。

195. 这只熊下落的速度这么慢，只能是充气的玩具熊，内装空气，下落阻力约等于重力，所以要2分钟。那么它的颜色任意，你喜欢什么颜色，答案就可以写什么颜色。

196. 大于3，小于4

用3根火柴摆出一个符号，要大于3，小于4。应该怎么摆？

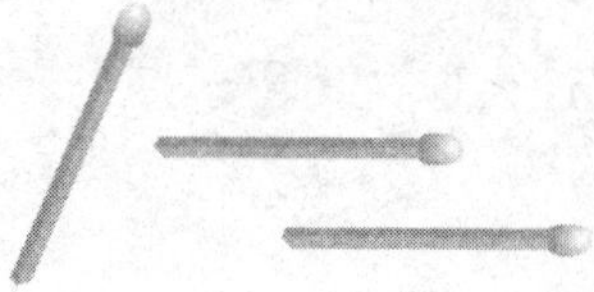

答案

196.

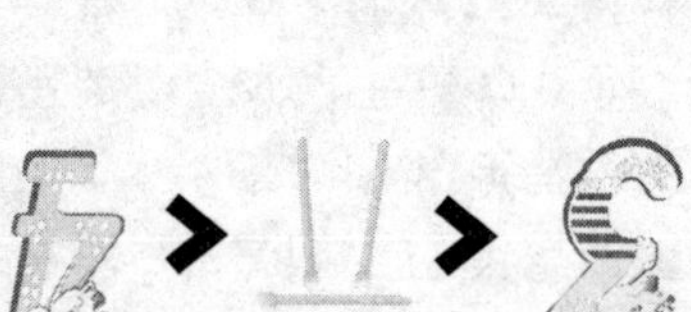

197. 火中逃生

美国有一种火灾救生器，其实就是在滑轮两边用绳索吊着两个大篮子。把一个篮子放下去的时候，另一个篮子就会升上来，如果在其中的一个篮子里放一件东西作为平衡物，则另一个较重的物体就可以放在另外的篮子里往下送。假如一只篮子空着，另一只篮子里放的东西不超过30磅，则下降时可保证安全。假如两只篮子里都放着重物，则它们的重量之差也不得超过30磅。

一天夜里，威尼的家里突然发生火灾。除了重90磅的威尼和重210磅的妻子之外，他还有一个重30磅的孩子，和一只重60磅的宠物狗。

现在知道每只篮子都大得足以装进3个人和一只狗，但别的东西都不能放在篮子里。而且狗和孩子如果没有威尼或他的妻子的帮助，自己不会爬进或爬出篮子。

你能想出好办法尽快使这3个人和一只狗安全地从火中逃生吗？

答案

197.

威尼、他的妻子、孩子与狗可以下列顺序逃生：

降下孩子→降下小狗，升上孩子→降下威尼，升上小狗→降下孩子→降下小狗，升上孩子→降下孩子→降下妻子，升上其他人及狗→降下孩子→降下小狗，升上孩子→降下孩子→降下威尼，升上小狗→降下小狗，升上孩子→降下孩子。

198. 反插裤兜

发挥一下想象，怎么才能把你的左手全部放入右边的裤兜里，而同时又将右手整个伸入到左边的裤兜里。

答案

198.

把裤子前后反穿。

199. 巧划分(1)

在右图中画3条直线，将图分割成6个部分，使每一部分中有1条鱼和1面小旗，并按顺序各有0～5个鼓和雷电，线条不必从一边画到相对的另一边。

200. 巧划分(2)

在左图中画4条直线，将图分割成8部分，使每一部分中有3只蜻蜓，并按次序各有1～8只蜜蜂。

答案

199.

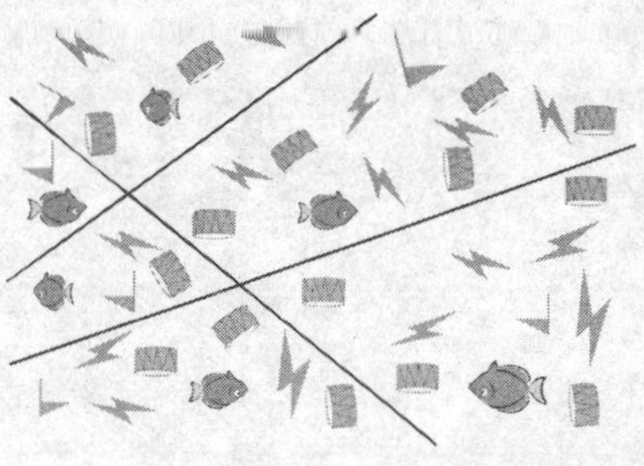

200.

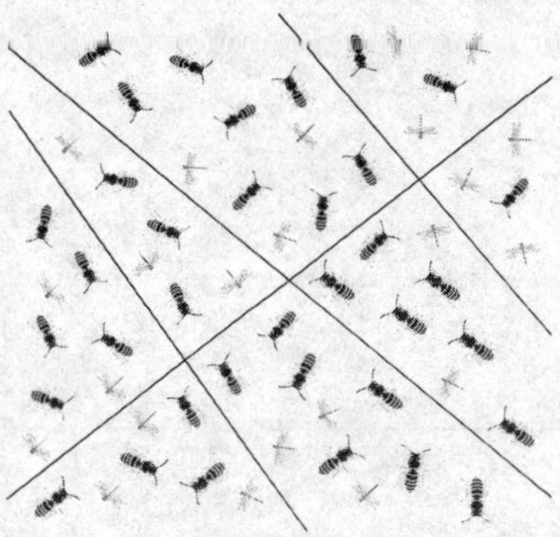